Dorothée Waechter

Stauden-
beete
ideenreich gestalten

Farbenprächtige Pflanz-
kombinationen für Rabatten
und Mixed Borders

Farbfotos: Jürgen Becker
und Marion Nickig
Zeichnungen:
Elfie Vierck-Petschelt

GU GRÄFE
UND
UNZER

Inhaltsübersicht

Üppige Blütenpracht
Ein Wort zuvor

Mit ihren farbenprächtigen Blüten sind Stauden in jedem Garten eine Attraktion fürs Auge. Ihre Vielfalt ist dabei so groß, daß sie in jeder Ecke des Gartens – egal ob sonnig oder schattig, ob an der Hauswand oder mitten in der Rasenfläche – und über die ganze Blühsaison hinweg ihren Farbenzauber verbreiten.

Wie Sie die Fülle des Angebots nützen können, um prächtige Staudenbeete selbst zu gestalten, sagt Ihnen Stauden-Expertin Dorothée Waechter in diesem GU Ratgeber. Ob Inselbeet oder Rabatte, Mixed Border oder naturnahe Staudenpflanzung, ob bunt bepflanzt oder Ton in Ton – für jeden dieser Gestaltungswünsche gibt die Autorin attraktive Anregungen. Dabei zeigt sie, wie Sie die Farben der Blüten gezielt einsetzen und wirkungsvoll kombinieren. Außerdem gibt sie Tips für die Verwendung von Duftstauden und die Gestaltung in Kübeln und Töpfen. Darüberhinaus vermittelt die Autorin das nötige Grundwissen über Standortansprüche, Wuchsformen sowie Blütezeiten der Stauden und beschreibt sie ausführlich, wie Sie Stauden richtig pflanzen und pflegen.

Viel Spaß und Erfolg beim Staudengärtnern wünschen Ihnen die Autorin und die GU Naturbuch-Redaktion.

Inselbeete können große Rasenflächen auflockern.

Dekorative Blüten: Akelei…   *… und Schwertlilie.*

Die Autorin

Dorothée Waechter ist Diplom-Gartenbauingenieurin und Staudengärtnerin. Sie schreibt Artikel über Pflanzen und Gärten für zahlreiche Zeitungen und Zeitschriften, darunter »mein schöner Garten«, und ist Autorin von Gartenbüchern.

Die Fotografen

Jürgen Becker studierte Malerei und Film und fotografiert seit 14 Jahren für angesehene Kalender-, Buch- und Zeitschriftenverlage.
Marion Nickig wurde bekannt durch ungewöhnliche Garten- und Blumenfotografien im FAZ-Magazin. Auch sie arbeitet seit über 10 Jahren für renommierte Buch- und Zeitschriftenverlage.
Die Pflanzen- und Gartenfotografie zählt zu den Schwerpunkten beider Fotografen.

Die Zeichnerin

Elfie Vierck-Petschelt studierte an der Muthesius-Werkkunstschule in Kiel bei Professor Heinrich Arpe. Als Illustratorin für angesehene Verlage, Zeitschriften und das Bayerische Fernsehen zeichnet sie schwerpunktmäßig Pflanzen und Tiere.

Wichtig: Damit Ihre Freude an Stauden nicht getrübt wird, beachten Sie bitte »Warnung und Hinweis« auf Seite 63.

Stauden-vielfalt

Ob blau, lila, rot, gelb oder weiß – Stauden blühen in allen Farben und sind für jeden Garten ein reizvoller Blickfang. Damit Sie stimmungsvolle Beete planen können, vermitteln Ihnen die folgenden Seiten das nötige Grundwissen über Standortansprüche, Wuchsformen und Blütezeiten der Stauden.

Foto links: Im späten Frühjahr verwandelt der Türkenmohn (Papaver orientale 'Catharina') dieses Staudenbeet in ein wunderschönes Blütenmeer. Foto oben: Eine aparte Sorte des Rittersporns: Delphinium 'Spindrift'.

Was sind Stauden?

Stauden sind mehrjährige Pflanzen und im Gegensatz zu verholzenden Pflanzen wie Bäumen oder Sträuchern krautig. Die oberirdischen Pflanzenteile, die Triebe, vertrocknen bei den meisten Stauden im Winter. Alle Stauden treiben jährlich neu aus. Ihre Erneuerungsknospen liegen im oder nahe am Erdboden. Stauden lassen sich nach verschiedenen Gesichtspunkten in Gruppen einteilen.
Beetstauden wachsen auf den meisten Gartenböden und benötigen kaum spezielle Pflege. Deshalb sind sie auch für gärtnerisch Ungeübte gut geeignet. Prachtstauden sind eine Untergruppe der Beetstauden. Sie haben große, auffällige Blüten und sind besonders sortenreich.
Wintergrüne Stauden behalten ihr Laub im Winter. Es stirbt erst zum Frühjahrsbeginn ab, treibt aber noch während des Frühjahrs wieder aus. Ein Beispiel ist die Elfenblume (*Epimedium*).
Immergrüne Stauden wie das Immergrün (*Vinca minor*) erneuern ihre Blätter beständig unabhängig vom Rhythmus der Jahreszeiten. Deshalb vertrocknet ihr Laub im Winter nicht. Halbsträucher werden meist zu den Stauden gerechnet, obwohl ihre Stengel verholzen. In milden Wintern überdauert das

Astwerk. Erfriert es dagegen, treibt die Pflanze wieder aus dem Wurzelstock aus. Ein Beispiel ist der Lavendel (*Lavandula*).
Zwiebel- und Knollenpflanzen zählen botanisch zu den Stauden, erfordern aufgrund ihrer Zwiebeln oder Knollen aber eine andere Behandlung. Deshalb sieht man sie in der Gartenpraxis als gesonderte Gruppe an. Beispiele sind Krokus (*Crocus*) und Tulpe (*Tulipa*).

Woher kommen Stauden?

Stauden stammen aus Gebieten der gemäßigten Klimazone, die auf der nördlichen und südlichen Erdhalbkugel jeweils zwischen Tropen und Polargebiet liegt. In diesen Gebieten haben sich die Stauden an den Temperaturwechsel zwischen den vier Jahreszeiten angepaßt. Stauden aus alpinen und mediterranen Gebieten stellen dabei besondere Gruppen dar.
Alpine Stauden stammen aus Gebirgsregionen. Beispiele sind Hauswurz (*Sempervivum*), Steinbrech (*Saxifraga*) und niedrige Glockenblumen (*Campanula*).
Mediterrane Stauden sind im Mittelmeerraum heimisch. Hierzu zählen Lavendel (*Lavandula angustifolia*), Spornblume (*Centranthus ruber*) und Rasselblume (*Catanche caerulea*).

Hinweis: Alpine und mediterrane Stauden brauchen im Garten auf jeden Fall einen Winterschutz (→ Stauden überwintern, Seite 52).

Wie sich Stauden-Namen zusammensetzen

Deutsche Staudennamen variieren oft von Region zu Region. Der lateinische Name dagegen ist international gültig. Er besteht aus dem Gattungsnamen, dem der Artname folgt. Ein Sorten-Name, der durch Anführungszeichen gekennzeichnet wird, kann den Namen ergänzen, zum Beispiel: *Papaver orientale* 'Catharina' (→ Foto, Seite 4/5).
Staudengattung: In ihr werden nahe verwandte Staudenarten zusammengefaßt.
Staudenart: Stauden einer Art sind untereinander kreuzbar, nicht aber mit Stauden anderer Arten.
Bei Stauden derselben Art können Merkmale wie die Blütenfarbe unterschiedlich ausgeprägt sein und zur Entwicklung verschiedener Sorten herangezogen werden.
Staudensorte: Mitglieder einer Staudenart mit gleichen Eigenschaften bilden eine Sorte. Die meisten Sorten behalten ihre Eigenschaften nur bei einer Vermehrung durch Teilung oder Stecklinge, da nur so ihr Erbmaterial unverändert bleibt.

Was sind Stauden?

Auch in formalen Gärten machen sich Stauden gut.

Bei der Samenbildung dagegen wird es neu vermischt. Um eine Sorte zu erhalten, muß man deshalb verhindern, daß die Stauden Samen bilden.

Stauden-Züchtung

Durch intensive Züchtung ist die Angebotspalette der Staudensorten immer größer geworden. Zu den wichtigsten Zuchtzielen gehören dabei klare, neue Blütenfarben und -formen, kompakte Wuchseigenschaften, lange Blütezeiten und eine geringe Anfälligkeit der Stauden für Krankheiten und Schädlinge.

Test neuer Sorten: Die Eigenschaften und Qualitäten neuer Staudensorten werden in Sichtungsgärten geprüft. Aus dem Ergebnis dieser sogenannten Sichtung gibt der Bund deutscher Staudengärtner (BdS) für das Sortiment der Staudengärtner Empfehlungen heraus. **Mein Tip:** Besuchen Sie einmal einen Sichtungsgarten (→ Adressen, die weiterhelfen, Seite 62). Hier finden Sie zahlreiche Anregungen für die Staudenauswahl und -zusammenstellung.

Leucanthemum maximum

Formenvielfalt der Blüten

In erster Linie ziehen die Blüten
der Stauden den Blick des Betrachters auf sich. Dabei faszi-
nieren neben den Farben die
mannigfaltigen Formen der
Blüten und Blütenstände. Viele
Stauden haben wie die Trollblume (*Trollius*) große, einzeln
stehende Blüten. Verbreitet sind
dabei glockenförmige Blüten
wie bei der Ballonblume (*Platycodon*, → Foto, Seite 15) und
die stärker geöffnete Schalen-
form des Mohnes (*Papaver*).
Ungewöhnlich erscheinen dagegen die Blütenformen von
Akelei (*Aquilegia*) und
Schwertlilie (*Iris*).

Delphinium in verschiedenen Farben

Blüten und Blütenstände

Achillea 'Terracotta'

Aquilegia-Caerulea-Hybride

Iris-Barbata-Hybride

*B*ei vielen Stauden sind mehrere Einzelblüten zu einem Blütenstand zusammengefaßt. Typische Formen sind hier die kerzenförmigen Trauben des Rittersporns (Delphinium) und die doldenförmigen Blütenstände der Schafgarbe (Achillea). Auch die verzweigten Rispen der Prachtspiere (Astilbe, → Foto, Seite 15) sind bei Stauden weitverbreitet. Häufig anzutreffen ist auch die Blütenform der Margerite (Leucanthemum). Hier wie bei allen Korbblütlern erwecken lauter winzigkleine Einzelblüten den Eindruck einer einzigen großen Blüte.

Papaver orientale 'Alibaba'

Trollius europaeus

PRAXIS: Botanik

1 Bodendecker bedecken mit Hilfe ihrer längeren Triebe und unterirdischen Ausläufer schnell größere Flächen.

Das typische Bild von der Staude als einer Pflanze mit vielen aufrecht wachsenden Einzeltrieben trifft auf die meisten Stauden zu.

Wuchsformen

Die Wuchsform einer Staude ergibt sich aus Größe und Anordnung der Blätter und Blüten und der Wuchsrichtung der Triebe.
Hier die wichtigsten Wuchsformen:
Polsterstauden (→ Zeichnung 3) sind mit Höhen zwischen 5 und 30 cm eher niedrig. Triebe und Blattwerk bilden kleine, flachwachsende oder leicht gewölbte Kissen. Polsterstauden eignen sich für die Randbereiche einer Staudenrabatte, für Steingärten und Wegränder.
Bodendeckende Stauden (→ Zeichnung 1) wachsen wie Polsterstauden, bilden jedoch längere Triebe oder unterirdische Ausläufer. Sie erreichen Höhen von 5 bis 40 cm und bilden auf größeren Flächen eine geschlossene Pflanzendecke. Sie eignen sich für eine Pflanzung am Hang, neben oder unter Gehölzen.
Rosetten (→ Zeichnung 2) sind Pflanzen mit kreisrund angeordnetem Blattwerk, das schuppig übereinanderliegt und Höhen zwischen 5 und 25 cm erreicht.
Kleinere Rosetten passen gut in den Vordergrund einer Staudenrabatte. Große Rosetten wirken auch im Hintergrund.
Horste haben viele dicht nebeneinanderstehende Triebe, die über 25 cm hoch werden. Auch Art und Wachstum der unterirdischen Teile eines Horstes tragen zum Wuchscharakter bei.
Bei der Herbstaster (*Aster novi belgii, A. novae-angliae*) zum Beispiel treiben unterirdisch kurze seitliche Ausläufer (→ Zeichnung 6). Durch zunehmende Konkurrenz der mittleren Triebe verkahlt der Horst nach einigen Jahren in der Mitte.
Bei den Horsten lassen sich zwei Unterformen unterscheiden.
• Die Triebe aufrecht wachsender Horste

2 Rosetten haben kreisförmig angeordnete, schuppig übereinanderliegende Blätter. Eine Staude kann auch aus mehreren Rosetten bestehen.

3 Polsterstauden bilden kleine Kissen aus Trieben und Blattwerk. Die Blüten erscheinen über diesem Geflecht.

4 *Aufrechte Horste* haben viele aufrechte Triebe.

5 *Überhängende Horste* wachsen übergeneigt.

(→ Zeichnung 4) bilden einen aufrechten Schopf. Die höheren Formen eignen sich gut als Leitstauden (→ Mit Staudengruppen gestalten, Seite 21).
• Überhängend wachsende Horste (→ Zeichnung 5) öffnen sich fächerförmig zu den Außenseiten. Sie sind ideal, um Pflanzengruppen miteinander zu verbinden.
Halbsträucher haben keine typische Wuchsform. Meist erreichen sie Höhen bis 60 cm. Höhere Halbsträucher fallen das ganze Jahr im Beet auf und sollten deshalb zu den Leitstauden eines Beetes passen.

Lebensdauer

Wie viele Jahre eine Staude im Garten wächst, hängt ab von
• den Standortfaktoren, die den Ansprüchen der jeweiligen Sorte entsprechen sollten (→ Seite 16 und 17),
• der Gesundheit der Staude,
• der Fähigkeit der Staudensorte, kräftig zu wachsen und
• der Staudenart.
Die meisten Staudenarten gedeihen an einem optimalen Standort bei guter Pflege 8 bis 20 Jahre. Diese Zeit können Sie durch Verjüngen (→ Seite 52) verlängern. Dagegen sind andere Arten sehr kurz- oder langlebig.

Kurze Lebensdauer: Kurzlebige Stauden werden meist nur 4 Jahre alt. Lassen Sie die Blütenstände zu Samen ausreifen, die sich selbst aussäen können. Die Sämlinge sehen zwar meist anders aus als die Mutterpflanze (→ Staudensorte, Seite 6), die Unterschiede fallen aber kaum auf.

Kurzlebige Stauden sind Akelei (*Aquilegia*) und Lein (*Linum*).
Lange Lebensdauer: Langlebige Stauden können ein Lebensalter von 60 Jahren erreichen. In den ersten 2-3 Jahren wachsen sie aber oft nur schwach und blühen kaum. Hierzu zählen Taglilie (*Hemerocallis*) und Pfingstrose (*Paeonia*).

6 *Herbstastern* bilden unterirdische Ausläufer, mit deren Hilfe der Horst schnell nach außen wächst.

Der Storchschnabel ist ein wunderschöner Bodendecker für halbschattige Gehölzränder.

Standortansprüche

Stauden haben unterschiedliche Ansprüche an Standortfaktoren wie Licht, Temperatur, Bodenbeschaffenheit und Bodenfeuchtigkeit (→ Tabelle, Seite 16 und 17).
Sie entscheiden darüber, ob eine Pflanze an ihrem Standort gut gedeiht oder verkümmert. Prüfen Sie deshalb die Verhältnisse in Ihrem Garten und suchen Sie dann geeignete Stauden aus.

Licht: Dies ist ein wichtiger Standortfaktor. An sonnige Standorte angepaßte Stauden wachsen nicht gut im Schatten und umgekehrt.
Um herauszufinden, ob ein Standort sonnig oder schattig ist, beobachten Sie an sonnigen Tagen, wie lange und wann die Sonne direkt auf das Beet scheint.

• Sonnige Standorte liegen die meiste Zeit des Tages, vor allem in den Mittagsstunden, im vollen Sonnenlicht.

• Halbschattige Beete werden nur zeitweilig, zum Beispiel morgens oder abends, beschienen, oder ein lockeres Blätterdach läßt den ganzen Tag über einige Sonnenstrahlen durch.

• Schattige Standorte bekommen kein direktes Sonnenlicht. Die Bedingungen ähneln stark denen im Wald.

Temperatur: Die meisten Stauden vertragen die Temperaturverhältnisse in unseren Breiten. Frostempfindliche und wärmeliebende Stauden brauchen allerdings eine spezielle Behandlung (→ Spezielle Klimaansprüche, unten).

Bodenbeschaffenheit: Auf normalen Gartenböden gedeihen die meisten Beetstauden gut. Wie Sie Ihren Boden testen und verbessern können, erfahren Sie auf Seite 18.

Bodenfeuchtigkeit: Fast alle Stauden bevorzugen einen gleichmäßig frischen bis feuchten Boden, in dem das Wasser jedoch abfließen kann (→ Der Boden, Seite 18).

Mein Tip: Ausführliche Informationen zu den Ansprüchen der einzelnen Arten und Sorten bekommen Sie bei Ihrem Staudengärtner oder aus Katalogen der Staudengärtnereien (→ Adressen, die weiterhelfen, Seite 62). In diesen Katalogen geben Kennziffern den optimalen Standort für jede Staude an.

Spezielle Klimaansprüche

Frostempfindliche Stauden brauchen unbedingt einen Winterschutz (→ Stauden überwintern, Seite 52). Zu ihnen zählen die meisten alpinen und mediterranen Stauden (→ Woher kommen Stauden, Seite 6). Weitere Beispiele sind Fackellilie (*Kniphofia*), Herbstanemone (*Anemone*) und Bleiwurz (*Ceratostigma*).

Wärmeliebende Stauden beanspruchen einen vollsonnigen, windgeschützten Standort. Auf feuchte Böden reagieren viele dieser Arten empfindlich. Zu den wärmeliebenden Stauden zählen graulaubige Stauden, Bergaster (*Aster amellus*), Schwertlilie (*Iris -Barbata*-Hybriden), Türkenmohn (*Papaver orientale*) und Skabiose (*Scabiosa*).

Lebensbereiche

Je nach den Standortfaktoren, die an dem jeweiligen Ort auf die Staude einwirken, spricht man von verschiedenen Lebensbereichen. Die häufigsten Situationen im Garten sind Beete, der Gehölzrand, der Steingarten und der Uferbereich von Gartenteich oder -bach.

Beete: Fast jede Beetstaude gedeiht auf einem Beet, sofern Sie ihre Ansprüche in bezug auf Boden und Lichtverhältnisse berücksichtigen (→ Tabelle Stauden, Seite 16 und 17). Den Boden können Sie verbessern, wenn er nicht mit den Ansprüchen der Staude übereinstimmt (→ Der Boden, Seite 18). Wichtig ist deshalb in erster Linie, ob das Beet sonnig, halbschattig oder schattig ist.

Gehölzrand: Hierzu zählen der Heckensaum und der Bereich unter einer Baumkrone. Der Gehölzrand ist meist halbschattig bis schattig. Sonnig ist nur die Fläche südlich einer Hecke, sofern keine Zweige überhängen.

Am Gehölzrand konkurrieren die Stauden mit den Gehölzen um Nährstoffe und Wasser. Nur bestimmte Stauden wie Taubnessel (*Lamium maculatum*), Elfenblume (*Epimedium*-Arten) und die Wildstauden für den Gehölzrand (→ Seite 39) können sich hier durchsetzen.

Steingarten: Er wird künstlich angelegt und zeichnet sich durch einen nährstoffarmen Boden aus (→ Weitere Bodentests, Seite 19). Beliebte Stauden für den Steingarten sind Nelke (*Dianthus*), Fetthenne (*Sedum*) und Hungerblümchen (*Draba*).

Uferbereich: Er kommt in Gärten mit Teich oder Bachlauf vor. Das entscheidende Kriterium für diesen Lebensbereich ist ein dauerhaft feuchter Boden. Dies mögen nur wenige Stauden, zum Beispiel Trollblume (*Trollius*), Prachtspiere (*Astilbe*) und Taglilie (*Hemerocallis*). Künstlich angelegte Teiche haben allerdings meist eine trockene Uferzone, da die Folie oder Wanne kein Wasser durchläßt.

Heliopsis scabra

Stauden für sonnige und schattige Standorte

Im Laufe ihrer jahrtausendlan-
gen Entwicklung haben sich
die einzelnen Staudenarten an
sonnige, halbschattige oder
schattige Standorte angepaßt.
In sonnigen Bereichen entwik-
keln Sonnenbraut (*Helenium*),
Ballonblume (*Platycodon*) und
Fackellilie (*Kniphofia*) im Sommer ihre volle Blütenpracht.
Die Blüten des Sonnenauges
(*Heliopsis*) schmücken das
Staudenbeet noch bis weit in
den Herbst hinein.

Helenium-Hybride 'Sonnenbraut'

Stauden für Sonne und Schatten

Kniphofia-Hybride

Platycodon grandiflorum

Astilbe 'Diamant'

Aconitum x arendsii

Primula vulgaris

Viele Stauden gedeihen am besten im Schatten. Die Kissenprimel (Primula vulgaris) wächst unter Bäumen und Sträuchern und blüht im Frühjahr noch vor dem Laubaustrieb der Gehölze. So wird sie zu ihrer Blütezeit von etlichen Sonnenstrahlen verwöhnt. Auch Prachtspiere (Astilbe) und Eisenhut (Aconitum) bevorzugen den Schatten. Im Sommer bringen sie mit ihren Blüten kräftige Farbtöne in die oft dunklen Schattenbereiche des Gartens.

Staudenvielfalt

STAUDEN FÜR SONNIGE STANDORTE

Name	Blütezeit Blütenfarbe	Höhe in cm Wuchsform	Boden	Pflanzen/qm Pflanzabstand	Bemerkung
Achillea filipendulina Gold-Garbe	VII-IX goldgelb	80 – 120 A	trockenheits-verträglich	5 – 7 50 – 70	Verblühtes ausschneiden
Aster in Arten und Sorten Herbstaster	IX-X verschiedene	80 – 150 A/Ü	frisch nähr-stoffreich	3 – 5 70 – 90	bei Verkahlen der Horste teilen
Aubrieta-Hybriden Blaukissen	IV-V rot, rosa, blau	5 – 10 P	durchlässig	20 30	Rückschnitt nach der Blüte
Delphinium-Hybriden Rittersporn	VI-VII+IX blau, weiß, lila	50 – 200 A	locker, humos, nährstoffreich	3 90	frühzeitig aufbinden, remontierfähig
Dendranthema-Indicum-Hybride Herbst-Chrysantheme	IX-XI verschiedene	50 – 100 A	trocken, kalkhaltig, nährstoffreich	7 – 9 40 – 50	Winternässe vermeiden, aufbinden
Gypsophila paniculata Hohes Schleierkraut	VII-VIII weiß	80 – 100 Ü	etwas kalkhaltig	3 90	Verpflanzen nur im Jungstadium
Helenium-Hybriden Sonnenbraut	VII-IX gelb, rot, braun	80 – 100 A	humos, nähr-stoffreich	5 70	Rückschnitt im VI, nach 6 Jahren teilen
Heliopsis-Hybriden Sonnenauge	VII-IV gelb	90 – 170 Ü	locker, nähr-stoffreich	5 70	Verblühtes entfernen: verlängert die Blütezeit
Hemerocallis-Hybriden Taglilie	VI-IX verschiedene	40 – 120 Ü	bevorzugt feucht	3-5 70 – 90	Verblühtes entfernen
Iris-Barbata-Hybriden Schwertlilie	V-VI verschiedene	40 – 100 A	sommertrocken, locker	7 50	Verblühtes ausbrechen, optimale Pflanzzeit VIII
Kniphofla-Hybriden Fackellilie	VI-IX gelb, orange	70 – 100 A	durchlässig, humos, nährstoffreich	5 70	Winterschutz, Blätter nicht zurückschneiden
Leucanthemum maximum Sommermargarite	VI-IX weiß	80 – 120 Ü/A	mittelschwer, kalkhaltig	7 50	Verblühtes entfernen, im Herbst Kompost ausbringen
Lupinus-Polyphyllus-Hybriden Lupine	V-VII+IX verschiedene	80 – 100 Ü/A	sandig, kalk-meidend	7 50	Rückschnitt nach der Blüte fördert zweiten Flor
Monarda-Hybriden Indianernessel	VI-VIII rot, weiß, lila	80 – 150 A	mäßig feucht, nährstoffreich	7 50	Winterschutz, anfällig für Mehltau
Nepeta x faassenii Katzenminze	V-IX lavendelblau	30 – 50 Ü	trocken bis frisch	12 30	Rückschnitt nach der Blüte
Oenothera tetragona Hohe Nachtkerze	V-IX leuchtendgelb	50 – 80 A	nährstoffreich, locker	12 30	welke Blüten entfernen
Paeonia lactiflora in Sorten ☙ Pfingstrose	V-VI rot, rosa, weiß	50 – 110 Ü	nährstoffreich, mäßig sauer	1 – 3 80 – 100	optimale Pflanzzeit Herbst, welke Blüten entfernen
Papaver orientale in Sorten Türkenmohn	V-VI rot, orange, rosa	60 – 110 Ü	durchlässig, nährstoffreich	1 – 3 80 – 100	Verpflanzen vermeiden, optimale Pflanzzeit Herbst
Phlox paniculata in Sorten Hohe Flammenblume	VI-IX rosa, weiß, lila	80 – 140 A	frisch, nährstoff-reich, durchlässig	5 90	welke Blütenstände entfernen
Rudbeckia fulgida Sonnenhut	VI-IX goldgelb	60 – 80 A	humos, nähr-stoffreich	9 40	Verjüngung nach 5 bis 6 Jahren
Salvia nemorosa in Sorten Sommer-Salbei	VI-VII lilablau	50 – 60 A	frisch, nährstoff-reich, kalkhaltig	9 40	Rückschnitt nach der Blüte fördert zweiten Flor

Stauden auf einen Blick

STAUDEN FÜR HALBSCHATTIGE UND SCHATTIGE STANDORTE

Name	Blütezeit Blütenfarbe	Höhe in cm Wuchsform	Boden	Pflanzen/qm Pflanzabstand	Bemerkung
Aconitum-Arten und Sorten ☙ Eisenhut	VI-VIII, IX-X blau, hellgelb	100 – 150 A	frisch bis feucht, humos, nährstoffreich	7 50	Rückschnitt nach der Blüte
Alchemilla mollis Frauenmantel	VI grünlich gelb	40 Ü	frisch, nährstoffreich, auch Lehmböden	5 70	pflegeleicht
Anemone-Japonica-Hybriden Herbstanemone	VIII-X rosa, weiß	60 – 100 A	frisch bis feucht, humos, nährstoffreich	5 70	Pflanzung im Frühjahr, Winterschutz
Aquilegia-Caerulea-Hybriden Akelei	V-VI verschiedene	60 – 80 A	frisch, humos	12 30	kurzlebig, daher Säm- linge stehen lassen
Aruncus dioicus ☙ Geißbart	VI-VII cremeweiß	200 A/Ü	frisch bis feucht, lehmig, nährstoffreich	3 90	anspruchslos
Astilbe-Arten und Sorten Prachtspiere	VI-VIII rot, rosa, weiß	20 – 120 A/Ü	frisch bis feucht, nährstoffreich	5 – 9 40 – 70	Kompost ausbringen, Rückschnitt im III
Bergenia-Arten und Sorten Bergenie	III-V rot, rosa, weiß	20 – 50 A	trocken bis frisch	7 50	Kompost ausbringen
Cimicifuga ramosa Septembersilberkerze	IX-X cremeweiß	150 – 200 A	frisch bis feucht, locker, humos	3 90	duftende Blüten
Epimedium-Arten und Sorten Elfenblume	IV-V verschiedene	20 – 35 B	frisch bis feucht, durchlässig, humos	16 20	bodendeckend, zum Teil wintergrün
Geranium macrorrhizum Storchschnabel	VI-VII rot, rosa, weiß	40 B	mäßig trocken bis frisch	12 – 15 20 – 30	bodendeckend
Helleborus-Orientalis-Hybriden Lenzrose ☙	II-IV rot, rosa, weiß	40 A/Ü	kalkhaltig, lehmig	7 – 9 50 – 70	fleckige Blätter abschneiden
Hosta-Arten und Sorten Funkie	VI-IX weiß, lila	30 – 70 Ü	frisch, humos, lehmig	3 – 16 20 – 80	Austrieb vor Spät- frosten schützen
Lamium maculatum Taubnessel	V-VI rot, rosa, weiß	15 – 20 B	frisch bis feucht, locker nährstoffreich	15 20	bodendeckend
Omphalodes verna Gedenkemein	II-IV blau, weiß	15 B	frisch bis feucht, locker	16 20	Kompost ausbringen, wuchernd
Symphytum grandiflorum Beinwell	III-V hellgelb, blau	30 – 40 B	frisch, humos	9 40	pflegearm, boden- deckend
Tiarella cordifolia Schaumblüte	IV-V weiß	20 B	frisch, durchlässig, humos	16 20	bodendeckend
Trollius-Arten und Sorten ☙ Trollblume	V-VI gelb, orange	70 A	frisch bis feucht, humos, nährstoffreich	9 40	Rückschnitt nach der Blüte
Vinca minor Kleines Immergrün	IV-VI blau, weiß	15 B	mäßig trocken bis feucht, locker	16 20	immergrün, boden- deckend
Viola odorata Duftveilchen	III-IV+IX lilablau	15 P	frisch, locker	20 15 – 20	breitet sich langsam aus
Waldsteinia geoides Waldsteinie	III-V gelb	25 B	locker, nähr- stoffreich	16 20	Kompost oder Laub ausbringen

☙ = giftig, P = Polsterpflanze, B = Bodendecker, R = Rosette, A = Aufrechter Horst, Ü = Überhängender Horst, H = Halbstrauch.
Die Pflanzabstände sind in cm angegeben.

Wolfsmilch und Funkie bevorzugen einen eher frischen, durchlässigen Boden.

Gelbe Blüten der Gemswurz.

Der Boden

Vor der Pflanzung untersuchen Sie Ihren Gartenboden, damit Sie passende Stauden auswählen oder aber den Boden verbessern können.

Beet- und Prachtstauden gedeihen am besten in einem Boden mit lockerer, feinkrümeliger Struktur. Ideal ist ein hoher Gehalt an organischem Material, dem Humus (→ Den Humusgehalt erhöhen, Seite 46). Der Boden sollte gleichmäßig frisch bis mäßig feucht und weder sauer noch basisch sein.

Bodenart

Um die Bodenart zu testen, nehmen Sie etwas feuchten Erdboden aus 15-20 cm Tiefe

zwischen die Finger und versuchen, ihn zu kneten.
• Rieselt die Erde auseinander, haben Sie einen Sandboden.
• Krümelt sie, ist es ein sandiger Lehmboden.
• Lehm überwiegt, wenn Sie zwischen den Fingern Kügelchen kneten können.
• Aus Ton können Sie dünne Kügelchen formen. Ton fühlt sich weich wie Butter an.
Sandige Böden sind leicht. Sie enthalten große Körner und dazwischen viel Luft. Wasser rinnt schnell zwischen den Sandkörnern hindurch, der Boden trocknet leicht aus. Stauden wie Nelke (*Dianthus*) und Grasnelke (*Armeria*) gedeihen hier gut. Die meisten Pracht- und Beetstauden brauchen zusätzliche Kompostgaben (→ Schwere und sandige Böden verbessern, Seite 46).
Lehm- und sandige Lehmböden sind mittelschwere Böden. Der Boden wird ausreichend belüftet, er kann aber auch genügend Wasser halten. Die meisten Stauden wachsen hier problemlos.
Tonböden sind sehr schwere Böden. Sie halten Wasser gut, enthalten jedoch wenig Luft. Die Böden sind für Stauden zu naß. Vermischen Sie die Erde mit grobkörnigem Material und reichern Sie sie mit Humus an, damit Ihre Stauden den Boden gut durchwurzeln (→ Schwere und sandige Böden verbessern, Seite 46).

Säuregrad

Der pH-Wert eines Bodens gibt den Säuregrad an. Bestimmen Sie ihn nach Anleitung mit einem pH-Test aus dem Fachhandel.
Nach den Ansprüchen der Stauden lassen sich drei pH-Bereiche unterscheiden:
• Auf neutralen Böden mit Säuregraden zwischen 5,5 und 7 wachsen fast alle Beetstauden.
• Saure Böden haben pH-Werte unter 5,5. Hier gedeihen Lupine (*Lupinus*), Moossteinbrech (*Saxifraga x arendsii*) und Japanische Schwertlilie (*Iris ensata*, auch *Iris kaempferi* genannt). Für die übrigen Stauden sollten Sie den Boden mit Kalk aus dem Gartenfachhandel neutralisieren. Dosieren Sie den Kalk nach Angaben auf der Verpackung.
• Basische Böden mit Säuregraden über 7 sind ideal für alle Astern (*Aster*), Sommermargerite (*Leucanthemum maximum*) und Gelenkblume (*Physostegia virginiana*). Für alle anderen Stauden verbessern Sie den Boden mit Humus (→ Den Humusgehalt erhöhen, Seite 46).

Weitere Bodentests

Neben den oben beschriebenen Tests können Sie auch den Nährstoffgehalt des Bodens bestimmen. Dabei helfen Ih-
nen Zeigerpflanzen. Sie können aber auch eine Bodenprobe an ein Untersuchungslabor schicken.
Zeigerpflanzen sind Wildpflanzen, die nur auf bestimmten Böden wachsen. Pflanzen, die sich in Ihrem Garten von selbst aussäen, geben folglich Aufschluß über die Qualitäten des Bodens (→ Literatur, die weiterhilft, Seite 62).
Zum Beispiel zeigt die Große Brennessel (*Urtica dioica*) einen hohen Stickstoffgehalt an, auf nährstoffarmen Böden wächst der Hasenklee (*Trifolium arvense*).
Bodenanalysen sind die zuverlässigsten Bodentests. Sie werden von Labors durchgeführt, denen Sie nach Vorschrift gesammelte Bodenproben schicken (Adressen im Branchenverzeichnis). Das Labor ermittelt neben dem Nährstoffgehalt auch Bodenart und Säuregrad und gibt Tips zur Verbesserung Ihres Bodens.

Bodenverdichtung und Staunässe

Verdichtete Böden gehen mit Staunässe einher. Sie sind bei Gärten in Neubaugebieten weitverbreitet. Das Wasser steht nach Regengüssen auf dem Boden und fließt nur langsam wieder ab. Wie Sie verdichtete Böden lockern, lesen Sie auf Seite 46.

PRAXIS:
Pflanzungen planen

Bei einer ausgewogenen Pflanzung sind die Höhen und Farben der einzelnen Stauden harmonisch aufeinander abgestimmt. Um dies zu erreichen, achten Sie auf:
• die Wuchsformen der Stauden (→ Praxis Botanik, Seite 10). Setzen Sie niedrige Polster- und bodendeckende Stauden in den Vordergrund, höhere Horste in den Hintergrund der Pflanzung, damit sich die Stauden zur Blütezeit nicht gegenseitig verdecken.
• frühblühende Stauden wie Mohn (*Papaver*) und Tränendes Herz (*Dicentra*), die nach der Blüte einziehen. Pflanzen Sie sie weiter hinten ins Beet. Im Laufe des Sommers überspielen dann höher werdende Arten die entstehenden Lücken.
• die Blütenfarben. Stimmen Sie sie sorgfältig aufeinander ab (→ Farben zusammenstellen, Seite 26).
Planen Sie Ihre Pflanzung auf dem Papier. Dabei können Sie sich für die Höhengestaltung an ein festes Schema halten oder Gruppen aus hohen und niedrigen Stauden über dem Beet verteilen. Achten Sie bei der Planung auch auf die Standortansprüche der einzelnen Stauden (→ Seite 12).
<u>Pflanzplan erstellen:</u> Zeichnen Sie die Fläche, die Sie bepflanzen möchten, maßstabsgetreu auf Millimeterpapier. Markieren Sie Flächen, die von Bäumen, Sträuchern oder Mauern beschattet werden.
Legen Sie über den Plan ein durchscheinendes Skizzenblatt. Schraffieren Sie für jede Staude die Fläche, auf der sie sich ausdehnen soll, in der jeweiligen Blütenfarbe.

Modelle zur Höhengestaltung

Entscheiden Sie sich nach der Beetform (→ Praxis Beetformen planen, Seite 30) und Ihrem persönlichen Geschmack für ein Modell der Höhengestaltung.
<u>Kulissenartiger Aufbau</u> (→ Zeichnung 1): Er eignet sich für ein Beet, das nur von einer Längsseite zu betrachten ist. Pflanzen Sie die niedrigeren Stauden nach vorn, die höheren nach hinten, so daß die Wuchshöhe von vorn nach hinten gleichmäßig ansteigt.
<u>Kegelförmige Höhenstaffelung</u> (→ Zeichnung 2): Sie bietet sich bei Inselbeeten an. In das Zentrum pflanzen Sie die höchsten Stauden mit einer möglichst langen Blütezeit. Von innen nach außen setzen Sie jeweils niedrigere Stauden.

1 <u>Kulissenartiger Aufbau</u>: Von vorn nach hinten steigen die Wuchshöhen allmählich an.

2 <u>Kegelförmiger Aufbau</u>: Die hohen Stauden stehen in der Mitte, am Rand die niedrigen.

Die hohen Stauden in der Mitte verhindern den Durchblick. Deshalb können Sie das Beet von verschiedenen Seiten her mit Stauden, die unterschiedliche Blütezeiten und Blütenfarben haben, gestalten.

Pflanzung gleicher Höhe (→ Zeichnung 3): Gut geeignet ist sie für Hanglagen. Bepflanzen Sie Flächen von je $1/3$ bis $1/2$ qm mit einer niedrigen bis halbhohen Staudenart (→ Tabelle, Seite 16 und 17). Wenn die Wuchshöhen aller Stauden übereinstimmen, setzen sich die Farbflächen der Blüten zu einem Bild zusammen.

Exponierte Solitäre (→ Zeichnung 4): Gestalten Sie einen Teppich aus Bodendeckern und Polsterstauden (→ Wuchsformen, Seite 10). Dazwischen verteilen Sie einzelne höhere Stauden in 2- bis 3fachen Pflanzabständen. Als Solitär bieten sich überhängende Horste mit ganzjährigem Schmuckwert an, zum Beispiel Taglilien (*Hemerocallis*) oder auch höhere Gräser.

Mit Staudengruppen gestalten

Ziehen Sie eine lockere Höhengestaltung vor, bringen Sie mit Gruppen aus höheren und niedrigeren Stauden Struktur in die Pflanzung.

Mein Tip: Setzen Sie dabei unter Berücksichtigung der Pflanzabstände (→ Seite 16 und 17) je 3 oder mehr Einzelpflanzen einer Art zusammen.

Leitstauden: Die höchste Staudenart bestimmt Farbauswahl und Blütezeit einer Pflanzgruppe. Leitstauden sollten eine auffällige Blütenform oder -farbe haben. Zeichnen Sie sie in Ihrem Plan zuerst ein.

Begleitstauden sind niedriger, harmonieren aber in Blütezeit und Blütenfarbe mit der Leitstaude (→ Mit Blüten durch das Jahr, Seite 22). Kombinieren Sie wechselnde Wuchsformen wie überhängende und aufrechte Horste in einer Pflanzgruppe. Auch kontrastierende Blattstrukturen wirken belebend (→ Dekorative Blätter, Seite 34).

3 *Gleiche Höhe:* In Hanglagen wirken große Flächen gleichhoher Stauden reizvoll.

4 *Exponierte Solitäre:* Zwischen Bodendeckern stehen einzelne höhere Stauden.

Gruppieren Sie auf dem Pflanzplan 3-5 Begleitstaudenarten um jede Leitstaude. Füllstauden passen in ihrer Blattfärbung zu den Leit- und Begleitstauden. Ideal sind kleinblütige Stauden sowie Arten mit interessanter Laubzeichnung. Ihre Blütezeit darf von den Leit- und Begleitstauden abweichen. Füllen Sie mit ihnen die verbliebenen Lücken auf dem Plan.

Mein Tip: Auf einem größeren Beet können Sie im Wechsel verschiedene Gruppen aus Leit-, Begleit- und Füllstauden pflanzen. Gleichzeitig blühende Stauden sollten dabei farblich harmonieren (→ Farben zusammenstellen, Seite 26).

Taglilie und Glockenblume blühen in Komplementärfarben.

Im Herbst tragen Fetthenne und Herbstaster ihre Blüten.

Mit Blüten durch das Jahr

Entscheiden Sie, ob Sie auf einem Beet immer einige Blüten wünschen, oder ob Sie einen Blütezeit-Höhepunkt bevorzugen. Blütezeiten und -farben der wichtigsten Stauden finden Sie auf der folgenden Seite und auf Seite 16 und 17. **Wichtig**: Abhängig von den Witterungsbedingungen kann die Blütezeit Ihrer Stauden von den angegebenen Zeiträumen etwas abweichen. Für die Blütenfarbe ist die Staudensorte entscheidend. Verlangen Sie deshalb beim Kauf die gewünschte Farbe.

<u>Große, breite Flächen</u>: Wenn Sie Platz haben, können Sie verschiedene Blütezeiten kombinieren. Verteilen Sie kleinere Gruppen von Stauden, die jeweils gleichzeitig blühen, auf der Fläche (→ Mit Staudengruppen gestalten, Seite 21). Im Vordergrund reservieren Sie Plätze für die Winterblüher, die dann im Winter einen attraktiven Blickfang bilden.

<u>Kleine Flächen</u>: Kombinieren Sie hier Arten mit gleicher Blütezeit.

Mein Tip: Um die Blütezeit zu verlängern, wählen Sie langblühende Stauden, zum Beispiel die Flammenblume (*Phlox paniculata*). Sie können auch Stauden verwenden, die zweimal blühen, die sogenannten remontierenden Stauden (→ Seite 51).

Blütezeit
März bis Mai

Gelb und Orange: Adonisröschen (*Adonis vernalis*), Gemswurz (*Doronicum orientale, D. plantagineum*), Primel (*Primula*-Arten), Waldsteinie (*Waldsteinia*)
Rosa bis Rot: Strahlenanemone (*Anemone blanda*), Akelei (*Aquilegia*-Arten und Sorten), Tränendes Herz (*Dicentra spectabilis*), Taubnessel (*Lamium maculatum*), Primel (*Primula*-Arten)
Lila bis Blau: Strahlenanemone (*Anemone blanda*), Akelei (*Aquilegia*-Arten und Sorten), Kaukasus-Vergißmeinnicht (*Brunnera macrophylla*), Primel (*Primula*-Arten), Lungenkraut (*Pulmonaria angustifolia*)
Weiß: Strahlenanemone (*Anemone blanda*), Akelei (*Aquilegia*-Arten und Sorten), Tränendes Herz (*Dicentra spectabilis*), Taubnessel (*Lamium maculatum*), Primel (*Primula*-Arten)

Juni bis August

Gelb und Orange: Mädchenauge (*Coreopsis grandiflora, C. verticillata*), Sonnenblume (*Helianthus decapetalus*), Fakkellilie (*Kniphofia*-Hybriden), Goldfelberich (*Lysimachia punctata*), Sonnenhut (*Rudbeckia*-Arten)

Rosa bis Rot: Schafgarbe (*Achillea-Millefolium*-Hybriden), Flockenblume (*Centaurea dealbata, C. montana*), Nelke (*Dianthus*-Arten), Storchschnabel (*Geranium*-Arten), Braunelle (*Prunella grandiflora*), Ziest (*Stachys grandiflora*)
Lila bis Blau: Ochsenzunge (*Anchusa azurea*), Glockenblume (*Campanula*-Arten), Flockenblume (*Centaurea montana*), Kugeldistel (*Echinops ritro*), Edeldistel (*Eryngium bourgatii, E. planum*), Storchschnabel (*Geranium x magnificum, G.* 'Johnson's Blue'), Lein (*Linum narbonense, L. perenne*), Braunelle (*Prunella grandiflora*), Skabiose (*Scabiosa caucasica*), Ehrenpreis (*Veronica longifolia, V. spicata*)
Weiß: Schafgarbe (*Achillea ptarmica*), Glockenblume (*Campanula*-Arten), Nelke (*Dianthus*-Arten), Storchschnabel (*Geranium*-Arten), Schneefelberich (*Lysimachia clethroides*), Schaublatt (*Rodgersia*-Arten)

September bis November

Gelb und Orange: Schafgarbe (*Achillea filipendulina*), Mädchenauge (*Coreopsis grandiflora, C. verticillata*), Winterchrysantheme (*Dendranthema-Indicum*-Hybriden), Sonnenbraut (*Helenium*-Sorten), Sonnenblume (*Helianthus decape-*

talus), Sonnenauge (*Heliopsis scabra*), Fachellilie (*Kniphofia*-Hybriden), Sonnenhut (*Rudbeckia*-Arten)
Rosa bis Rot: Herbstanemone (*Anemone huphensis, A. japonica*), Herbstaster (*Aster novibelgii, A. dumosus, A. novae-angliae*), Winterchrysantheme (*Dendranthema-Indicum*-Hybriden), Fetthenne (*Sedum spectabile, S. telephium*)
Lila bis Blau: Herbstaster (*Aster novi-belgii, A. dumosus, A. novae angliae*), Bleiwurz (*Ceratostigma plumbaginoides*)
Weiß: Herbstanemone (*Anemone huphensis, A. japonica*), Herbstaster (*Aster novi-belgii, A. dumosus, A. novae-angliae*), Silberkerze (*Cimicifuga*-Arten), Winterchrysantheme (*Dendranthema-Indicum*-Hybriden)

Dezember bis Februar

Gelb und Orange: Primel (*Primula vulgaris*)
Rosa bis Rot: Alpenveilchen (*Cyclamen coum*), Schneerose (*Helleborus orientalis*), Primel (*Primula vulgaris*), Rotes Lungenkraut (*Pulmonaria rubra*)
Lila bis Blau: Primel (*Primula vulgaris*), Duftveilchen (*Viola odorata*)
Weiß: Alpenveilchen (*Cyclamen coum*), Christrose (*Helleborus niger*), Primel (*Primula vulgaris*).

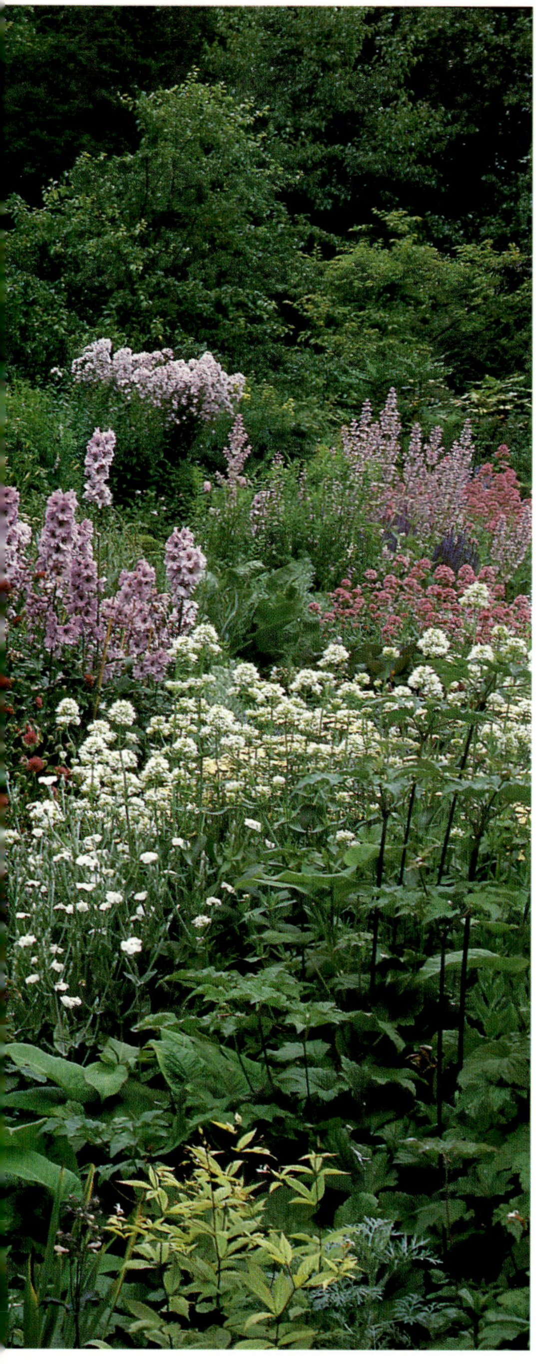

Farben, Formen und Höhen

Mit Stauden gestalten

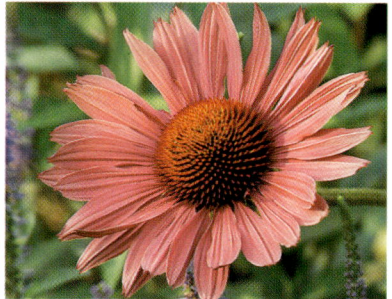

Mit Blütenpracht, Blattwerk, Wuchsformen und Höhen der Stauden können Sie vielfältige Beete gestalten. Auf den folgenden Seiten erhalten Sie eine Fülle von Anregungen und Gestaltungsvorschlägen, zum Beispiel für bunte Staudenbeete, die edle Ton-in-Ton-Variante und naturnahe Wildstauden-Pflanzungen.

Foto links: In diesem sommerlichen Staudengarten sind die eher dezenten Blütenfarben harmonisch aufeinander abgestimmt.
Foto oben: Der rote Sonnenhut bevorzugt sonnige Standorte.

Farben zusammenstellen

Farbe sticht ins Auge und ist ein wichtiges Grundelement der Gestaltung. Bedingt durch die Farbe der Blätter ist die Grundfarbe im Garten Grün. Daneben steht Ihnen zur Farbgestaltung die gesamte Palette der Blütenfarben in feinsten Nuancen zur Verfügung. Damit stimmungsvolle Bilder entstehen, kombinieren Sie Komplementärfarben, Farbdreiklänge oder Farbverläufe (→ Kleine Farbenlehre, Seite 27). Bei diesen Kombinationen können Sie sicher sein, daß die Blütenfarben in Ihrem Staudenbeet miteinander harmonieren. Wenn Sie schon Erfahrungen in der Zusammenstellung von Farben gesammelt haben, können Sie ausgehend von diesen Regeln die Farben auch freier kombinieren. Achten Sie auch darauf, daß Stauden, die Sie wegen ihrer Blütenfarben kombinieren möchten, zur gleichen Zeit blühen (→ Mit Blüten durch das Jahr, Seite 22).

Mit Farben Stimmungen auslösen

Farben lösen beim Betrachter unterschiedliche Stimmungen aus und ziehen ihn damit in ihren Bann.
So wirken dabei die einzelnen Farben:

• Blau ist ein kalter Farbton. Als Blütenfarbe wirkt Blau ungewöhnlich und interessant.
• Lila und Violett sind mit roten Farbtönen vermischte Blautöne. Je mehr Rot in der Farbe enthalten ist, desto mehr Wärme vermittelt die Farbe.
• Rosa, ein mit Weiß aufgehellter Rotton, vermittelt romantische Gefühle.
• Rot und Orange sind die Farben des Feuers. Es sind warme Farben, die die Staudenpflanzung beleben.
• Gelb wirkt hell und strahlend. Selbst an bewölkten Tagen kann ein gelbblühendes Beet etwas Sonnenschein in den Garten zaubern.
• Weiß schafft eine vornehm distanzierte und kühle Atmosphäre.
• Grün ist die Farbe der Blätter und wirkt beruhigend.
Die Stimmung einer Farbe wird am deutlichsten auf einem einfarbigen Beet (→ Ton-in-Ton-Gestaltung, Seite 33). Kombinieren Sie dagegen mehrere Farben in einer Pflanzung, herrscht die Stimmung der intensivsten Farbe vor. Aber auch die anderen Farben beeinflussen die Gesamtwirkung.

Jahreszeiten und Farben

Zu jeder Jahreszeit herrschen bestimmte Farben in Natur und Garten vor, die die Stimmung

beeinflussen. Wenn Sie diese Farben als Blütenfarben für Ihre Stauden wählen, fügen sich die Stauden farblich ganz in ihre Umgebung ein, und der Effekt verstärkt sich. Sie können aber auch bewußt andere Farben kombinieren. Setzen Sie zum Beispiel kräftigen Farben eher zarte Pastelltöne entgegen oder umgekehrt.
Frühling: Helle Pastelltöne der zarten Blätter und Blüten von Laubgehölzen bestimmen gewöhnlich das Bild im Garten. Weiter ins Jahr hinein werden die Töne immer kräftiger. Die zarten Farben von Gänsekresse (*Arabis caucasica*) und Gedenkemein (*Omphalodes verna*) untermalen das Gefühl der Leichtigkeit nach dem kalten Winter.
Wenn Sie dagegen die für den Sommer typischen kräftigen Farben lieben, wählen Sie leuchtende Töne wie Goldgelb, Purpur und Violett. Mit Blaukissen (*Aubrieta*), Gemswurz (*Doronicum*) und Steinkraut (*Alyssum*) bringen Sie kräftige Töne ins Frühlingsbeet.
Frühsommer: In Natur und Garten herrschen kräftige, leuchtende Töne vor. Typisch sind das feurige Rot des Mohnes (*Papaver orientale*), das klare Blau des Rittersporns (*Delphinium*) und das Karmin der Prachtspiere (*Astilbe*). Blautöne verbreiten in der Dämmerung eine mystische Stimmung.

Kleine Farbenlehre

Komplementärfarben liegen auf dem Farbkreis, auf die die Farben zu einem System geordnet sind, genau gegenüber. Sie verstärken sich gegenseitig und gewinnen an Leuchtkraft. Beispiele sind Rot und Grün, Lila und Gelb oder Blau und Orange.

Farbdreiklänge werden von drei Farben mit großem Kontrast gebildet, die auf dem Farbkreis weit auseinander liegen. Die Spitzen eines gleichseitigen Dreiecks, das in den Farbkreis gelegt wurde, deuten auf Farbdreiklänge wie Gelb, Blau und Rot.

Farbverläufe von ähnlichen Farben ergeben sich aus Farben, die im Farbkreis direkt nebeneinander liegen. Durch die sanften Übergänge harmonieren die Farben gut miteinander. Beispiel für einen Farbverlauf sind die Farben Gelb, Gelborange und Orange.

Anstelle der kräftigen Töne können Sie auch dezente Pastelltöne von Nelke (*Dianthus*), Schleierkraut (*Gypsophila*) und Flammenblume (*Phlox*) zusammenstellen. So lädt die sommerliche Staudenrabatte zu romantischen Träumereien ein.

Spätsommer: Auch die Wärme des Sommers kann sich mit gelben, orangen und braunroten Farben in den Staudenbeeten widerspiegeln. Diese Wärme vermitteln Taglilie (*Hemerocallis*), Sonnenauge (*Heliopsis*), Sonnenbraut (*Helenium*), Schafgarbe (*Achillea*), Sonnenhut (*Rudbeckia*) und Fakkellilie (*Kniphofia*-Hybriden). Die Dauerblüher unter ihnen leiten nahtlos in den goldenen Oktober über und spiegeln die Farben der herbstlichen Laubbäume auf dem Staudenbeet wider.

Zum Altweibersommer können Sie sich mit Herbstaster (*Aster*), Herbstanemone (*Anemone*) und Fetthenne (*Sedum telephium*) auch noch einmal verschiedene Rosatöne in das Staudenbeet holen. So setzen Sie zwischen den eher dezenten Farben des Herbstes noch einmal Farbakzente.

Auf diesem bunten Beet mildern weiße Blüten die starken Farbkontraste etwas ab.

Bunte Beete

Ein buntes Staudenbeet mit kontrastierenden Farben, die sich klar voneinander abgrenzen, wirkt lebendig und heiter. Alternativ können Sie auch ähnliche Blütenfarben auf einem Beet kombinieren. Das Beet wirkt dann durch die feinen Farbabstufungen harmonisch und elegant.

Blütenfarben kombinieren: Damit das Beet nicht unruhig wirkt, beschränken Sie sich auf wenige Farben. Die drei Farben eines Farbdreiklangs, zwei Komplementärfarben oder ein Farbverlauf (→ Seite 27) genügen völlig. Dabei können Sie den bunten Blüten noch einige weißblühende Stauden hinzufügen. Sie mildern harte Farbkontraste ab.

Das A und O bei der Farbzusammenstellung sind dabei übereinstimmende Blütezeiten. **Mein Tip**: Auf einem größeren Beet müssen gleichzeitig blühende Stauden nicht alle dicht beieinander stehen. Wenn sie sich aus verschiedenen Bereichen des Beetes ergänzen, bekommt die Pflanzung einen großen Rahmen, und es entsteht eine Einheit.

Für jedes Beet die richtigen Farben

Damit Ihr Staudenbeet sich harmonisch in seine Umgebung einfügt, sollten Sie bei der Farbauswahl folgende Gesichtspunkte berücksichtigen:
Größe des Beetes: Kräftige Farben eignen sich am besten für kleine Eckchen in der prallen Sonne. Hier können Sie zum Beispiel blaue Glockenblumen (*Campanula*) und orangerote Taglilien (*Hemerocallis*-Hybriden) pflanzen (→ Foto, Seite 22). Sie blühen von Juni bis August in leuchtenden Farben.

Auf großen Flächen wählen Sie dagegen etwas dezentere Farbtöne. Leuchtende Farben lassen sich wegen ihrer intensiven Wirkung schwer großflächig kombinieren. Pastelltöne wirken dagegen in fast allen Farbkombinationen harmonisch. Auf einem großen sonnigen Beet können Sie zum Beispiel die Sommerblüher Frauenmantel (*Alchemilla*), Ziest (*Stachys byzantina*) und Edeldistel (*Eryngium*) kombinieren. Wenn Sie einige Fetthennen (*Sedum spectabile*) und Astern (*Aster dumosus*) dazwischensetzen, erreicht das Beet im Herbst noch einen zweiten Blütenhöhepunkt (→ Foto, Seite 22).

Größe des Gartens: Leuchtende Farbtöne, insbesondere Rot, holen entfernte Punkte scheinbar näher heran. Dadurch wirken die Farben auch aus der Ferne klar, haben aber gleichzeitig eine einengende Wirkung. Gehen Sie deshalb in einem kleinen Garten möglichst sparsam mit intensiven Farben um.

Pastelltöne dagegen verschwimmen vor dem Himmel, vertuschen Grenzen und lassen dadurch Gartenräume größer erscheinen.

Umgebung des Beetes: Bei einer abwechslungsreichen Gartengestaltung wirkt eine zurückhaltende Farbgebung im Staudenbeet beruhigend und läßt auch kleine Areale größer wirken. Wählen Sie für die Blütenfarben Farbverläufe (→ Farben zusammenstellen, Seite 26). So kommen die einzelnen Pflanzenstrukturen besser zur Geltung. Auf einem halbschattigen Beet wirken zum Beispiel die Frühsommerblüher Akelei (*Aquilegia*-Hybriden), Storchschnabel (*Geranium himalayense*), Flockenblume (*Centaurea*) und Primel (*Primula denticulata*) in Blau-, Lila-, Rosa- und Weißtönen sehr attraktiv.

Mein Tip: Ein buntes Beet mit Stauden wie Rittersporn (*Delphinium*), Hoher Flammenblume (*Phlox paniculata*) und Türkenmohn (*Papaver orientale*) erinnert an Bauerngärten. Sie können den Bauerngarten-Charakter mit bunten Rosenkugeln (→ Foto, Seite 40) und groben Ästen zum Aufbinden der Blütenstiele (→ Aufbinden, Seite 50) verstärken.

Weichzeichner einsetzen

Starke Farbkontraste können im Sonnenlicht sehr hart wirken. Mit feinblütigen Stauden, weißblühenden Pflanzen oder Stauden mit hellem Laub, den sogenannten Weichzeichnern, können Sie diese Kontraste abmildern. Weichzeichner gleichen auch aus, wenn kräftige Farben nicht exakt zusammenpassen.

Kleinblütige Stauden wie Schleierkraut (*Gypsophila*) und weiße Spornblume (*Centranthus*) hellen während der Blütezeit ihre Umgebung auf. Stauden mit hellem Laub wirken dagegen die ganze Saison über als Weichzeichner.

Für sonnige Lagen eignen sich graulaubige Stauden, zum Beispiel Wollziest (*Stachys*), Beifuß (*Artemisia*) und Lavendel (*Lavandula*). In schattigen Bereichen sorgen Weichzeichner für mehr Helligkeit. Benachbarte Blüten gewinnen ihre Leuchtkraft zurück, die ihnen der Schatten genommen hat. Stauden mit gelb-grün oder weiß-grün gezeichnetem Laub wie Funkie (*Hosta*), Taubnessel (*Lamium maculatum*) oder Lungenkraut (*Pulmonaria*) hellen hier ihre Umgebung auf.

PRAXIS:
Beetformen planen

Die Form eines Beetes beeinflußt Ihre Gestaltungsmöglichkeiten. Lassen Sie sich deshalb Zeit für die Planung. Berücksichtigen Sie dabei auch, ob Ihr Beet im Vorgarten, an der Hauswand, in der Rasenfläche oder am Rand des Rasens liegen soll.

Gartensituationen
Zeichnung 3

Rasenfläche: Lockern Sie eine große Rasenfläche durch ein Inseloder Halbinselbeet auf. Rings um den Rasen können Sie auch Rabatten anlegen. Für die Kante zwischen Rasen und Beet wählen Sie gerade oder geschwungene Linien.

Vorgarten: Eine breite Staudenrabatte kann den Hauseingang und die Fassade wirkungsvoll einrahmen. Liegt der Vorgarten südlich vom Haus, ist der Standort meist sonnig, ein Vorgarten in einer anderen Lage ist halbschattig oder schattig. Damit immer einige Stauden blühen, stellen Sie Staudengruppen zusammen, die zu verschiedenen Jahreszeiten blühen (→ Mit Staudengruppen gestalten, Seite 21).

Hauswand: Hier kann eine schmale Rabatte vom Rasen oder Pfla-

1 *Beet am Hang: An jedem Hang können Sie Stauden pflanzen, zum Beispiel an einer aufgeschütteten Terrasse.*

ster vor dem Haus zu Kletterpflanzen, die an der Hauswand ranken, überleiten.

Mein Tip: Sehr gut gedeihen die wärmeliebenden graulaubigen Stauden an einer Südwand.

Gartenweg: Schmale Rabatten rechts und links des Weges sind ideal für Polster- und Duftstauden. So können Sie im Vorübergehen eine Nase voll Duft erhaschen.

Sitzplatz: Eine Staudenrabatte am Sitzplatz kann als Sicht- und Windschutz dienen, die Stauden können lange Sommerabende optisch aufhellen oder Ihnen ein herrliches Dufterlebnis bescheren. Zum Aufhellen eignen sich weißblühende Sommerstauden (→ Foto, Seite 32). Duftstauden

(→ Seite 40) verströmen am Sitzplatz ihren betörenden Duft. Hohe, dichtwachsende Stauden wie der Sonnenhut (*Rudbeckia nitida*) bieten Sicht- und Windschutz.

Grundformen
Zeichnungen 1, 2, 4

Staudenbeete können Sie als schmale oder breite Rabatte, Inseloder Halbinselbeet anlegen.

Schmale Rabatte: Dies ist ein bis zu 1,50 m breites Randbeet, das man von einer Seite betrachten kann.

Um das Beet optisch zu vergrößern, verwenden Sie eine ausgewogene Höhenstaffelung (→ kulissenartiger Aufbau, Seite 20) und Farbverläufe (→ Far-

2 *Breite Rabatte: Sie ist geeignet für Vorgarten, Hauswand, Sitzplatz oder Randbereich der Rasenfläche.*

ben zusammenstellen, Seite 26), denn ähnliche Blütenfarben lenken die Aufmerksamkeit des Betrachters auf die Strukturen der Blätter und Blüten. Durch diese Konzentration auf das Detail wirkt das Beet größer.

Breite Rabatte (→ Zeichnung 2): Verschenken Sie auch auf einer über 1,50 m breiten Rabatte keinen Platz. Bilden Sie Staudengruppen, die Sie geschickt miteinander verbinden (→ Mit Staudengruppen gestalten, Seite 21).

Ist die Rabatte lang, erleichtern Sie sich die Planung, wenn Sie ein Bepflanzungsmuster mit den gleichen Arten wiederholen oder an einer gedachten Achse quer durch die Rabatte spiegeln. So schaffen Sie gleichzeitig einen Zusammenhang auf dem Beet.

Mein Tip: Modellieren Sie das Erdreich und legen Sie einen Hügel an. Dies eröffnet Ihnen neue Möglichkeiten, hohe und niedrige Stauden zu kombinieren.

Inselbeet (→ Zeichnung 4): Es ist rundherum begehbar, liegt also

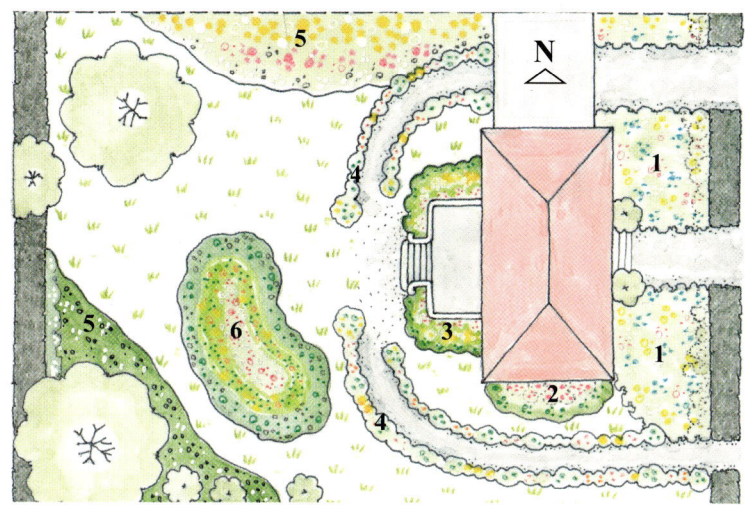

3 Gartenplan. Staudenrabatten können Sie anlegen: 1 im Vorgarten, 2 an der Hauswand, 3 am Sitzplatz, 4 am Gartenweg, 5 am Rand der Rasenfläche. 6 Inselbeete passen in große Rasenflächen.

mitten in einer Rasen- oder gepflasterten Fläche. Wählen Sie eine runde, eckige oder völlig unregelmäßige Form, die sich der Umgebung gut einfügt. Ihrer Phantasie sind

hier keine Grenzen gesetzt. Für die Staudenpflanzung verwenden Sie einen kegelförmigen Höhenaufbau (→ Seite 20).

Halbinselbeet: Es liegt wie eine Landzunge in

4 Inselbeet: Es ist rundherum begehbar und eignet sich zum Auflockern einer größeren Rasenfläche.

der Rasenfläche. Die hintere Begrenzung bilden eine Hecke oder ein Zaun.

Das Halbinselbeet ist etwas platzsparender als ein Inselbeet. Wählen Sie auch hier einen kegelförmigen Höhenaufbau (→ Seite 20).

Beet am Hang (→ Zeichnung 1): An einem Hang tragen Stauden mit ihren Wurzeln zur Befestigung des Erdreiches bei. Pflanzen Sie hier hauptsächlich Stauden gleicher Wuchshöhe (→ Seite 21).

*S*ehr edel wirkt dieses ganz in weiß gehaltene Staudenbeet. Hier stehen Veronica virginica 'Alba', Monarda 'Schneewittchen', Phlox paniculata 'Pax', Verbascum chaixii 'Album', Physostegia virginiana 'Summer Snow', Artemisia ludoviciana und Achillea ptarmica.

Ton-in-Ton-Gestaltung

Die Stauden einer Ton-in-Ton-Pflanzung blühen in einer Farbe, die vom Grün des Blattwerkes ergänzt wird. Ein Ton-in-Ton-Beet, das auch monochrom genannt wird, sieht elegant aus, und die vorherrschende Blütenfarbe kann ihre Wirkung intensiv entfalten (→ Mit Farben Stimmungen auslösen, Seite 26).

Bei der Auswahl der Farbe lassen Sie sich von Ihren Lieblingsfarben leiten. Achten Sie aber auch darauf, daß die Farben sich gut in ihre Umgebung einfügen.

Wenn Sie sich für eine Blütenfarbe entschieden haben, suchen Sie geeignete Staudensorten aus. Dabei hilft Ihnen der Blütezeitkalender (→ Mit Blüten durch das Jahr, Seite 22). Nähere Informationen über die einzelnen Stauden-Sorten bekommen Sie in Katalogen von Staudengärtnereien (→ Adressen, die weiterhelfen, Seite 62). Damit das monochrome Beet seine volle Wirkung entfalten kann, müssen die Stauden gleichzeitig blühen. Achten Sie deshalb auf die Blütezeiten.

Mein Tip: Ein in heller Farbe gehaltenes Beet wirkt frischer, wenn Sie ein paar kräftige Töne untermischen. Ein roséfarbenes Beet wird beispielsweise durch einige pinkfarbene Blüten lebendig.

Monochrome Beete interessant gestalten

Bei einfarbigen Farbkombinationen gewinnen die Strukturen der einzelnen Stauden an Bedeutung. Dazu gehören die Wuchshöhe, die Zeichnung der Blätter und die Form der einzelnen Blüten.

Wuchshöhe: Damit das Beet lebendig wirkt, stellen Sie Stauden mit verschiedenen Wuchshöhen zusammen. Für eine interessante Höhengestaltung bieten sich der kulissen- oder der kegelförmige Aufbau an (→ Seite 20).

Blattzeichnung: Einige Stauden mit dekorativem Laub bringen Abwechslung in das Beet (→ Dekorative Blätter, Seite 34). Blühen die Blattstauden in einer anderen Farbe, so sollte ihre Blütezeit deutlich von den übrigen Stauden abweichen, um den Effekt des monochromen Beetes nicht zu zerstören.

Blütenform: Je vielgestaltiger die Blütenformen sind, desto faszinierender ist ihre Wirkung. Kombinieren Sie Stauden mit margeritenförmigen Blüten, zum Beispiel Herbstaster (*Aster*) und Sonnenauge (*Heliopsis*), mit glockenförmigen Blüten von Glockenblume (*Campanula*) und Ballonblume (*Platycodon*). Neben diesen Klassikern wirken bizarre Erscheinungen wie Indianernessel (*Monarda*-Hybriden), Ku-geldistel (*Echinops*) und Edeldistel (*Eryngium*) reizvoll.

Mein Tip: Einen ebenmäßigen Hintergrund bekommt eine Staudenrabatte mit schleierkrautartigen Blütenständen. Um eine unschöne Hecke oder Garagenwand zu verdecken, setzen Sie zum Beispiel Schleierkraut (*Gypsophila*) oder Scheinaster (*Boltonia asteroides*) hinter die übrigen Stauden in der Rabatte.

Einfarbige Kombinationen

Leuchtend goldgelb, Blütezeit August, sonnige Lagen: Mädchenauge (*Coreopsis verticillata*), Nachtkerze (*Oenothera tetragona*), Schafgarbe (*Achillea filipendulina*).

Purpur bis pink, Blütezeit September bis Oktober, sonnige Lagen: Herbstanemone (*Anemone-Japonica*-Hybriden), Herbstaster (*Aster novae-angliae*), Purpur-Fetthenne (*Sedum telephium*)

Lilablau, Blütezeit April bis Mai, halbschattige bis schattige Lagen: Günsel (*Ajuga reptans*), Akelei (*Aquilegia vulgaris*), Lungenkraut (*Pulmonaria saccharata*)

Weiß, Blütezeit Juli, halbschattige bis schattige Lagen: Eisenhut (*Aconitum napellus* 'Album'), Prachtspiere (*Astilbe*), Storchschnabel (*Geranium macrorrhizum*), Funkie (*Hosta*).

Stauden bezaubern nicht nur mit ihren prächtigen Blüten – auch viele Blätter sind sehr dekorativ. Dabei bieten die Staudenblätter eine große Vielfalt an Formen, Farben und Größen.

Die Blattgrößen reichen von wenigen Millimetern beim Thymian (Thymus) bis zu Tellergröße beim Schaublatt (Rodgersia). Hübsch wirken stark gefiederte Blätter des Beifußes (Artemisia) neben flächigen Blättern der Funkie (Hosta).

Die Laubfärbung variiert von hellem Gelbgrün bis hin zu dunklen Grüntönen. Die Blätter können sogar silbrige, bläuliche oder rote Farbtöne annehmen. Sehr hübsch wirkt hier das rotbraune Laub des Purpurglöckchens (Heuchera micrantha). Die Krönung dieser Farbspiele bilden Zeichnungen auf dem Laub, wie sie die Funkie (Hosta) und das Lungenkraut (Pulmonaria saccarata) zeigen.

Heuchera micrantha

Thymus x citriodorus

Artemisia canascens

Pulmonaria saccharata

Ligularia dentata 'Othello'

Für Herbst und Winter hält das Laub zusätzliche Höhepunkte bereit. Elfenblume (Epimedium) und Bergenie (Bergenia) zeigen eine attraktive Herbstfärbung. Die winter- und immergrünen Stauden (→ Seite 6) behalten ihr Laub im Winter. Wenn die Blätter an Frosttagen mit Rauhreif oder Schnee bedeckt sind, ergeben sich stimmungsvolle Bilder.

Auch ohne Blüten kann ein Staudenbeet sehr dekorativ wirken.

Dekorative Blätter – Staudenschmuck für die ganze Gartensaison

Hosta fortunei

Ajuga reptans 'Atropurpurea'

Mit Stauden gestalten

Mixed Border

Die gemischte Rabatte ist in der britischen Gartenkunst weit verbreitet. Hier tummeln sich außer Stauden auch Sträucher, Sommerblumen, Zwiebel- und Knollenpflanzen auf einem breiten Beet. Diese natürlich anmutende, aber doch gezielt geplante Mischung verschiedener Pflanzenformen gibt der Mixed Border ihren besonderen Charme. Deshalb hält diese Form vermehrt auch bei uns Einzug.

Durch die Vielfalt an Pflanzenformen wirkt die Mixed Border zu jeder Jahreszeit attraktiv. Im Vorfrühling blühen die ersten Zwiebel- und Knollenpflanzen, und im Winter schmücken die Sträucher mit Rinde, Früchten und Blättern die Rabatte.

Ein besonderer Reiz der Mixed Border ist ihre Eigendynamik. Im Laufe der Jahre keimen in Pflanzlücken immer wieder neue Staudensamen.

Eine Mixed Border planen

Platzbedarf: Damit sich krautige und verholzende Arten nicht ins Gehege kommen, sollte ein mindestens 2-3 m breiter und 5 m langer Streifen zur Verfügung stehen.

Sträucher auswählen: Beginnen Sie mit der Auswahl der Sträucher, die das Gerüst der Rabatte bilden. Wählen Sie sie aus Baumschulkatalogen und der weiterführenden Literatur (→ Literatur, die weiterhilft, Seite 62) aus und achten Sie auf farbliche Harmonie der Blüten und Blätter (→ Farben zusammenstellen, Seite 26). Gehen Sie auch nach Standortansprüchen, Blütezeiten und Höhe der Sträucher. Optimal ist dabei eine Höhe zwischen 1,5 und 4 m.

Notieren Sie für jeden Strauch außerdem Breite und Pflanzabstand.

Pflanzplan anlegen: Für eine stimmungsvolle Mixed Border ist die Planung auf dem Papier unerläßlich (→ Praxis Pflanzungen planen, Seite 20). Zeichnen Sie dabei die Sträucher als Kreise, deren Durchmesser ihrer Breite entspricht, auf dem Plan ein. Verwenden Sie 2-3fache Pflanzabstände, damit genügend Platz für die krautigen Pflanzen bleibt. Berücksichtigen Sie auf dem Plan auch die von den Sträuchern beschatteten Flächen.

Mein Tip: Wenn Sie unsicher bei der Planung sind, wenden Sie sich an einen Landschaftsarchitekten oder an Ihren Staudengärtner.

Krautige Pflanzen auswählen: Wählen Sie die krautigen Pflanzen passend zu Blütezeit, Blütenfarbe und Laubfärbung der Sträucher aus. Informationen über Sommerblumen, Zwiebel- und Knollenpflanzen entnehmen Sie Angebotskatalogen von Gärtnereien und der weiterführenden Literatur (→ Literatur, die weiterhilft, Seite 62).

Gruppen gestalten: Stellen Sie kleine Pflanzengruppen zusammen (→ Mit Staudengruppen gestalten, Seite 21). Behandeln Sie dabei die Sträucher wie Leitstauden, auf deren Blüten- und Blattfärbung Sie die krautigen Pflanzen abstimmen. Höhere krautige Pflanzen setzen Sie wie Begleitstauden ein, deren Blütezeit mit den benachbarten Sträuchern übereinstimmen sollte. Niedrige krautige Pflanzen behandeln Sie wie Füllstauden.

Wichtig: Zwischen krautigen und verholzenden Pflanzen halten Sie die Pflanzabstände der Sträucher ein. Überhängende Sträucher können Sie mit Bodendeckern oder Polstern unterpflanzen.

Mein Tip: Wenn Sie einzelne Arten an verschiedenen Stellen im Beet verwenden, schaffen Sie einen großen Rahmen, und es entsteht ein harmonischer Gesamtzusammenhang.

Anregungen für Pflanzkombinationen

Um Ihnen die Zusammenstellung der Pflanzen ein wenig zu erleichtern, hier einige Vorschläge für hübsche Kombinationen:

Gemischte Rabatte

In dieser Mixed Border blühen im Frühjahr Azaleen, Vergißmeinnicht und Tulpen.

• Zu der Spiräe (*Spiraea japonica*), die im Sommer purpurrot blüht, passen blaue Polster der Katzenminze (*Nepeta x faassenii* 'Six Hills Giant'). Im Spätsommer, zur Zeit der Nachblüte der Katzenminze, setzen niedrige orangefarbene Pompondahlien (*Dahlia*) neue Akzente.

• Ein Frühjahrs-Trio in Goldgelb und Blau bildet eine Forsythie (*Forsythia x intermedia*) mit einem untergepflanzten Teppich der gelbblühenden Waldsteinie (*Waldsteinia geoides*), den Sie mit einigen blauen Tuffs von Blauglöckchen (*Hyazinthoides hispanica*) auflockern können.

• Die Zaubernuß (*Hamamelis*) ist ein attraktiver Winterblüher. Im Sommer bildet das dunkelgrüne Laub dieses Strauches einen dekorativen Hintergrund für eine Kombination aus gelbem Sonnenhut (*Rudbeckia fulgida*) und violettblauem Sommersalbei (*Salvia nemorosa*). Als Sommerblumen ergänzen fliederfarbenes Eisenkraut (*Verbena rigida*), gelboranges Schmuckkörbchen (*Cosmos sulphureus*) und gelbe Zinnien (*Zinnia elegans*) die Stauden.

*F*ür naturnahe Pflanzungen finden Sie wunderschöne Wildstauden. Dabei harmonieren Salbei (Salvia nemorosa), Katzenminze (Nepeta) und Spornblume (Centranthus) auch farblich sehr gut.
Mischen Sie die einzelnen Arten beim Pflanzen gründlich. Nach wenigen Jahren haben sich dann schon natürlich anmutende Staudengruppen gebildet.

Naturnahe Staudenbeete

In jeder Staudengärtnerei finden Sie ein reichhaltiges Angebot an Wildstauden. Sie stammen direkt aus der Natur, wurden also nicht gezüchtet. Mit ihnen kommt ein Stück Natur in Ihren Garten, das hervorragend in eine verwunschene Gartenecke paßt. Mit Wildstauden können Sie natürliche Gehölzrand-Situationen ebenso nachbilden wie sonnige Freiflächen. Stimmen die Standortbedingungen mit den natürlichen Bedingungen dieser Wildstauden überein, so müssen Sie nach dem ersten Jahr weder düngen noch Unkraut jäten, hacken oder gießen. Entfernen Sie auch keine abgestorbenen Pflanzenteile, denn durch ihre Zersetzung im Boden verbessert sich die Bodenstruktur. Außerdem können Sie in einer naturnahen Pflanzung selten gewordenen Stauden einen Lebensraum bieten.

Mein Tip: Um sicherzugehen, daß sich die Wildstaudenpflanzung zu einem ausgewogenen System entwickelt, wählen Sie aus der weiterführenden Literatur (→ Literatur, die weiterhilft, Seite 62) eine Staudengesellschaft aus, die an diese Standortfaktoren angepaßt ist. Eine Gesellschaft besteht aus Staudenarten, die an Orten mit ähnlichen Standortbedingungen gemeinsam vorkommen.

Die Pflanzung planen

Die Beete gestalten: Im Vergleich zu den Zuchtformen haben Wildstauden kleinere Blüten in dezenten Farben. Daher spielt die Farbgestaltung hier eine geringere Rolle. Damit die Pflanzung einen natürlichen Charakter bekommt, verteilen Sie die unterschiedlich hohen Stauden frei auf dem Beet. Setzen Sie etwa 3-5 Exemplare einer Art, und durchmischen Sie die einzelnen Arten gründlich.

Mein Tip: Modellieren Sie die Fläche mit einzelnen größeren Steinen und Baumwurzeln, damit eine kleine Landschaft entsteht.

Den Boden optimieren: Die meisten Wildstauden sind an nährstoffarme Böden angepaßt. Testen Sie den Nährstoffgehalt Ihres Bodens (→ Weitere Bodentests, Seite 19). Ist er zu hoch, können Sie dem Boden Nährstoffe entziehen, indem Sie im Frühjahr oder Sommer schnell- und dichtwachsende Pflanzen wie Kapuzinerkresse (*Tropaeolum*) und Bienenweide (*Phacelia*) auf der Fläche aussäen. Nach etwa 2 Monaten, wenn die Pflanzen zu einer dichten, geschlossenen Pflanzendecke herangewachsen sind, ziehen Sie die Pflanzen mit der Wurzel heraus. Dieses Pflanzenmaterial können Sie auf dem Kompost verrotten lassen.

Geeignete Wildstauden

Gehölzrand: Gut an die Nährstoff- und Lichtverhältnisse unter Bäumen und Sträuchern angepaßt (→ Lebensbereiche, Seite 13) sind Eisenhut (*Aconitum*), Christophskraut (*Actaea*), Buschwindröschen (*Anemone nemorosa*), Waldglockenblume (*Campanula latifolia*), Maiglöckchen (*Convallaria*), Fingerhut (*Digitalis*), Wasserdost (*Eupatorium*), Felberich (*Lysimachia*), Beinwell (*Symphytum*), Wiesenraute (*Thalictrum*), Farne, Günsel (*Ajuga*), Storchschnabel (*Geranium*), Nieswurz (*Helleborus*), Salomonssiegel (*Polygonatum*), Lungenkraut (*Pulmonaria*), Duftveilchen (*Viola odorata*) und Akelei (*Aquilegia*).

Freifläche: Auf freien und sonnigen Flächen gedeihen Katzenpfötchen (*Antennaria*), Bergaster (*Aster*), Flockenblume (*Centaurea*), Kugeldistel (*Echinops*), Wolfsmilch (*Euphorbia*), Strandflieder (*Limonium*), Katzenminze (*Nepeta*), Salbei (*Salvia*), Fetthenne (*Sedum*), Gamander (*Teucrium*), Thymian (*Thymus*), Königskerze (*Verbascum*), Spornblume (*Centranthus*) und Trollblume (*Trollius*).

In diesem prächtigen Sommergarten übertreffen sich die Blüten von Rosen und Stauden gegenseitig.

Duftstauden

Mußten Sie in einem Garten schon einmal unvermittelt an die Provence denken? Dann haben vermutlich Duftwolken von Thymian (*Thymus*) oder Lavendel (*Lavandula*) Ihre Nase gestreift. Duftende Stauden bereichern jede Staudenpflanzung. Pflanzen Sie sie in die vorderen Randbereiche der Beete, an Wege oder direkt neben den Sitzplatz, um den Duft oft genießen zu können. Stauden mit ähnlichem Duft, die Sie auch kombinieren können, lassen sich in Gruppen zusammenfassen. Bei den Stauden mit herb-würzigem Geruch duften die Blätter, bei blumigen und fruchtigen Düften die Blüten. Beachten Sie hier die Blütezeiten.

• Einen süßlich-blumigen Duft haben Hohe Flammenblume (*Phlox paniculata*), Pfingstrose (*Paeonia lactiflora*) und Taglilie (*Hemerocallis*).
• Fruchtig-frisch duften Septembersilberkerze (*Cimicifuga ramosa*) und Funkie (*Hosta plantaginea*).
• Herb-würzig riechen Thymian (*Thymus*) und Indianernessel (*Monarda*).

Stauden für die Vase

Sie können Ihre Stauden natürlich im Garten bewundern. Sie können sie aber auch schneiden und zu dekorativen Sträußen zusammenstellen. Diese Sträuße sind ideal als Geschenk oder zur Verschönerung Ihrer Wohnung.

Einige Stauden welken rasch in der Vase. Lange haltbar sind dagegen Schafgarbe (*Achillea*), Eisenhut (*Aconitum*), Margerite (*Leucanthemum*), Schleierkraut (*Gypsophila*), Sonnenauge (*Heliopsis*), Sonnenbraut (*Helenium*), Pfingstrose (*Paeonia*) und Trollblume (*Trollius*).

Damit Ihre Sträuße lebendig wirken, fügen Sie einige Blätter hinzu. Ernten Sie sie von Bergenie (*Bergenia*), Funkie (*Hosta*) und Frauenmantel (*Alchemilla*).

Mein Tip: Wenn Sie die Rabatte zum Ernten der Blüten verwenden, nehmen Sie behutsam Stiele von hinten weg, damit die Lücken nicht auffallen. Pflanzen Sie lieber einzelne Schnittstauden in den Gemüsegarten oder an unauffällige Stellen.

Stauden und Rosen

Rosen und Stauden ergänzen einander in zweifacher Hinsicht. Während rosenbegleitende Stauden im Sommer mit den Rosen blühen, geben die Frühlings- und Herbstblüher (→ Mit Blüten durch das Jahr, Seite 22) vor und nach der Rosenblüte den Ton in der Pflanzung an.

Da die Rosenblüte sehr intensiv wirkt, sollten Rosenbegleiter entweder in dezenteren Farben blühen oder die Rosenblüte farblich perfekt ergänzen. Der blaue Rittersporn (*Delphinium*) harmoniert zum Beispiel gut mit allen Rosenblüten.

Zu den Rosenbegleitern zählen außerdem Glockenblume (*Campanula*), Schleierkraut (*Gypsophila*), Lavendel (*Lavandula*), Katzenminze (*Nepeta x faassenii*) und Hohe Flammenblume (*Phlox paniculata*).

Gräser und Farne

Gräser und Farne zählen zwar zu den Stauden, bilden dort aber eine gesonderte Gruppe, da sie keine farbigen Blüten bilden. Gräser bereichern mit länglichen Blättern und interessant geformten Blütenständen jedes Staudenbeet. Höhere Arten wie Chinaschilf (*Miscanthus*) und Lampenputzergras (*Pennisetum*) können Sie als Leitstauden (→ Seite 21) einsetzen, kleinere Gräser wie Blauschwingel (*Festuca glauca*) oder Moskitogras (*Bouteloua gracilis*) sind dekorative Begleit- und Füllstauden. Gräser gibt es für sonnige,

halbschattige und schattige Bereiche. Farne dagegen bevorzugen als Waldpflanzen halbschattige und schattige Lagen. Hübsche Arten mit dekorativen Blättern sind Trichterfarn (*Mattheucia strutiopteris*) und Hirschzungenfarn (*Phyllitis scolopendrium*).

Stauden in Kübeln und Töpfen

Stauden in dekorativen Gefäßen schmücken Garten, Balkon oder Terrasse. Auch am Weg oder im Staudenbeet wirken bepflanzte Gefäße attraktiv. Mit den Töpfen können Sie außerdem Löcher in der Staudenpflanzung kaschieren.

Zur Bepflanzung wählen Sie bevorzugt Stauden mit hübschem Blattwerk aus (→ Seite 34), damit die Gefäße lange schön bleiben.

Das sollten Sie beachten:
• Frostfeste Töpfe verwenden. Fragen Sie beim Händler nach.
• Die Lichtverhältnisse berücksichtigen. Schattenstauden werden auch im Topf nicht zu Sonnenanbetern.
• Keine tiefwurzelnden Stauden pflanzen, denn der Wurzelraum in Töpfen und Kübeln ist eingeschränkt.

Für Töpfe eignen sich Prachtspiere (*Astilbe*), Edelraute (*Artemisia*), Funkie (*Hosta*), Islandmohn (*Papaver nudicaule*) und Fetthenne (*Sedum*).

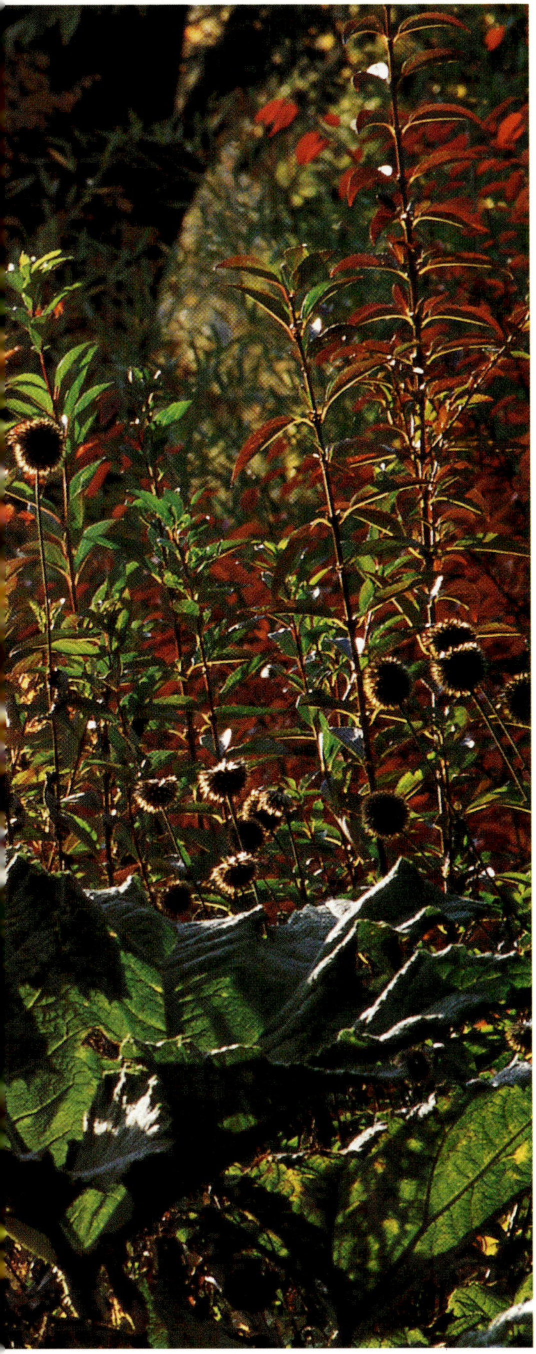

Stauden-Praxis

Pflanzen und pflegen

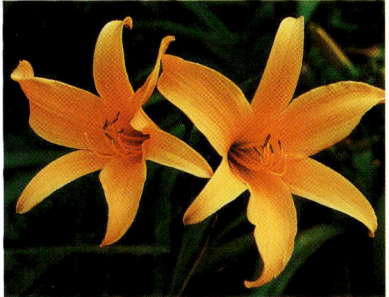

Am richtigen Standort und bei guter Pflege entfalten Stauden auf dem Beet ihre volle Blütenpracht. Was Sie tun können, damit Sie viele Jahre Freude an Ihren selbstgestalteten Staudenbeeten haben, erfahren Sie auf den nächsten Seiten.

Foto links: Das warme Herbstlicht zaubert eine wundervolle Stimmung auf dieses Staudenbeet. Foto oben: Die Taglilie (Hemerocallis-Hybride 'Goldarama') blüht im Sommer leuchtend gelborange.

Stauden kaufen

Ein großes Stauden-Angebot finden Sie in Gartencentern, Baumärkten und speziellen Staudengärtnereien. Wenn Sie Ihre Stauden in einer Staudengärtnerei kaufen möchten, halten Sie Ausschau nach einem ortsansässigen Betrieb mit dem Qualitätszeichen Stauden. Das Zeichen garantiert kräftige, gesunde Pflanzen, da sich die Gärtnereien nach den Empfehlungen aus der Staudensichtung richten (→ StaudenZüchtung, Seite 7). Eine Gärtnerei in Ihrer Nähe hat meist Stauden im Sortiment, die in der Gegend gut wachsen. Adressen von Staudengärtnereien erhalten Sie über den Bund deutscher Staudengärtner (→ Adressen, die weiterhelfen, Seite 62).

Betrachten Sie die Stauden sorgfältig vor dem Kauf. Gesunde Stauden erkennen Sie an diesen Merkmalen:
• gesundes Laub ohne Flecken, Fraßstellen oder Verkrümmungen,
• zahlreiche Triebe,
• dichter Wurzelballen, in dem aber noch Erde sichtbar ist, und
• helle junge Wurzelspitzen. Vermeiden Sie den Kauf blühender Jungpflanzen oder schneiden Sie den Blütenstand ab. Die Kraft für Blüte und Samenbildung geht auf Kosten des Wuchses.

Pflanzabstände und Pflanzenbedarf

Stauden, die beim Einkauf meist noch jung und klein sind, bedrängen sich mit zunehmender Größe gegenseitig, wenn sie zu dicht gepflanzt sind. Beachten Sie deshalb die Pflanzabstände für die einzelnen Arten, die von der Wuchsform abhängig sind. Dabei bedecken ausläufertreibende Stauden größere Flächen als eintriebige Arten.

Die Pflanzabstände können Sie der Tabelle (→ Seite 16 und 17) entnehmen.

Hinweis: Wenn Sie Stauden mit verschiedenen Pflanzabständen nebeneinander setzen, richten Sie sich jeweils nach dem größeren Abstand.

Mein Tip: Setzen Sie Stauden lieber zu locker als zu eng. Zu weite Pflanzabstände lassen sich leicht durch späteres Nachpflanzen korrigieren. Pflanzenbedarf ermitteln: Zeichnen Sie in Ihrem Pflanzplan (→ Praxis Pflanzungen planen, Seite 20) alle Stauden in den korrekten Pflanzabständen ein. Wenn Sie für jede Art ein anderes Symbol verwenden und in einer Legende festhalten, welches Zeichen für welche Staudenart steht, können Sie leicht ermitteln, wie viele Stauden Sie von jeder Art brauchen. Am besten machen Sie sich eine Einkaufsliste, damit Sie nichts vergessen.

Pflanzzeit: Frühjahr oder Herbst?

Die optimale Pflanzzeit ist zwar das Frühjahr, die meisten Staudenarten können Sie jedoch im Frühjahr oder im Herbst pflanzen. Von der Herbstpflanzung ausgeschlossen sind allerdings Herbst-Chrysantheme (*Dendranthema-Indicum*-Hybriden), Fakkellilie (*Kniphofia*), Lavendel (*Lavandula*), Katzenminze (*Nepeta x faassenii*), Sonnenröschen (*Helianthemum*) und weitere Herbstblüher sowie Gräser und Farne.

Pflanzung im Frühjahr: Optimale Pflanzzeit sind die Monate März und April. Nach der Winterruhe wurzeln die Pflanzen mit dem Wachstumsbeginn gut ein und entwickeln sich rasch. Empfindlich gegen Spätfröste ist lediglich die Funkie (*Hosta*).

Pflanzung im Herbst: Zu dieser Zeit sind die Staudengärtnereien meist gut sortiert. Pflanzen Sie in der Zeit von September bis Anfang Oktober, damit alle Stauden vor dem ersten Frost anwachsen. Die Stauden brauchen jetzt einen Winterschutz, zum Beispiel eine Abdeckung aus Fichtenreisern (→ Stauden überwintern, Seite 52).

*D*amit Sie lange Freude an Ihren Stauden haben, achten Sie schon beim Kauf auf gesunde Pflanzen. Der Wurzelballen soll dicht sein und die Erde im Topf zusammenhalten. Eine gesunde Staude hat zahlreiche Triebe, und die Blätter weisen keine Flecken, Fraßspuren oder Verkrümmungen auf.

Den Boden vorbereiten

Bevor Sie zu pflanzen beginnen, untersuchen Sie Ihren Boden (→ Der Boden, Seite 18). Beetstauden bevorzugen lockere, humusreiche Böden. Entfernen Sie Unkraut sorgfältig, so daß keine Wurzelstücke im Boden zurückbleiben. Die meisten Gartenböden brauchen Sie nur oberflächlich zu lockern und mit Humus anzureichern. Beginnen Sie mit den Arbeiten im Herbst, wenn Sie im Frühjahr pflanzen wollen, bei einer Herbstpflanzung starten Sie 2 Monate vorher. Stark verdichtete Böden brauchen ebenso wie schwere oder sandige Böden eine Spezialbehandlung.

Normale Böden lockern Sie am besten im Herbst. Graben Sie sie einen Spaten tief um und lassen Sie die groben Schollen über Winter liegen. Im Frühjahr harken Sie dann das Erdreich glatt.

Den Humusgehalt erhöhen

Humus ist die organische Substanz des Bodens. Er liefert Nährstoffe, fördert das Bodenleben und begünstigt eine lockere Bodenstruktur.

Um den Humusgehalt zu erhöhen, verteilen Sie eine 5-10 cm hohe Schicht Rindenkompost, Kompost oder Herbstlaub zwischen den Stauden.

Verdichtete Böden lockern

Graben Sie einen verdichteten Boden 2 Spaten tief um. Ist der Humus- oder Nährstoffgehalt gering, können Sie vorher Gründüngerpflanzen säen.

Gründüngerpflanzen: Ihre tiefen Wurzeln lockern den Boden. Dazu Ende Juni bis Anfang August Pflanzen wie Bienenweide (*Phacelia*) oder Senf (*Sinapis*) säen. 2 Wochen vor der Pflanzung beim Umgraben spatentief in das Erdreich einarbeiten. Das gibt für die Stauden zusätzliche Nährstoffe. Schmetterlingsblütler wie die Lupine (*Lupinus*) reichern daneben Stickstoff im Boden an.

Tiefes Umgraben: Dazu die obere Bodenschicht spatentief abtragen. Anschließend die untere Schicht weitere 30 cm tief mit einer Grabegabel lockern. Dann den Oberboden wieder ausbringen.

Mein Tip: Parzellenweise den abgetragenen Oberboden in einer Schubkarre lagern.

Schwere und sandige Böden verbessern

Schwere Böden lockern Sie, indem Sie Sand oder Splitt (aus dem Baufachhandel) spatentief unter das Erdreich mischen. Auch Gesteinsmehl fördert eine gute Bodenstruktur. Erhöhen Sie zusätzlich den Humusgehalt.

Sandige Böden verbessern Sie durch Einarbeiten einer 5 bis 10 cm dicken Schicht Kompost. Dies verbessert die Bodenstruktur und erhöht den Nährstoffgehalt.

Stauden pflanzen

Am Tag vor der Pflanzung rechen Sie den vorbereiteten Boden glatt. Sie können dabei einen mineralischen Volldünger einarbeiten (→ Die wichtigsten Düngerformen, Seite 48). Direkt vor dem Pflanzen stellen Sie die Stauden im Topf für zwei Stunden in eine wassergefüllte Wanne, damit sich die Erde vollsaugen kann.

Austopfen: Wenn Sie den Topfrand einmal kräftig auf einer Kante aufstoßen, löst sich der Ballen leicht. Dabei Wurzeln, die aus den Löchern im Topfboden herausgewachsen sind, nicht abtrennen. Lieber den Plastiktopf mit einer Gartenschere aufschneiden. Auch verrottende Töpfe aufschneiden, damit sich die Wurzeln im Erdboden ausbreiten können.

Die Pflanzen einsetzen:
• Ein Holzbrett als Trittmöglichkeit verwenden, um den Boden zu schonen.
• Die präparierten Pflanzen nach dem Pflanzplan (→ Seite 20) auf dem Beet verteilen.
• Mit der Pflanzschaufel ein Loch für die jeweilige Staude graben. Der Wurzelballen muß

Boden vorbereiten, pflanzen

Damit Ihre Stauden so schön gedeihen, bereiten Sie den Boden sorgfältig vor.

gut hineinpassen, und die Staude soll so tief in die Erde wie vorher im Topf.
• Den Wurzelballen in das Loch halten, so daß die Wurzeln locker herunterhängen.
• Erde auffüllen.
• Mit beiden Händen den Wurzelballen andrücken.
• Wenn alle Pflanzen gesetzt sind, den Boden durchdringend wässern.

Den Boden schonen

Der Boden ist ein lebendiges Gefüge. Sonne und Wind trocknen ihn aus, und das ständige Betreten verdichtet den Boden.
Eine Mulchschicht schützt vor Sonnenbestrahlung und Austrocknen. Verwenden Sie Rinde aus dem Gartencenter oder eigenen Kompost.

Orangebraune Taglilie.

Zum Wachsen und Blühen brauchen Ihre Stauden Nährstoffe in Form von Dünger.

Richtig düngen

Jährlich wiederkehrender Austrieb der Pflanzen, reiche Blütenpracht und Fruchtbildung erfordern viele Nährstoffe und Mineralien. Mit Rückschnitt und Blütenausputzen verhindern Sie, daß diese Stoffe durch Zersetzung wieder zurückgewonnen werden können. Führen Sie dem Boden deshalb durch regelmäßiges Düngen die wichtigen Stoffe, vor allem Stickstoff, Phosphor, Kali, Eisen, Magnesium und Schwefel, wieder zu.

Hinweis: Wildstaudenpflanzungen brauchen keinen Dünger, da sich die Anlage durch die herabfallenden und absterbenden Pflanzenteile, die dann im Boden zersetzt werden, selbst versorgt.

Die wichtigsten Düngerformen

Organische Dünger setzen sich aus pflanzlichen und tierischen Bestandteilen zusammen, mineralische Dünger werden künstlich hergestellt.

Sowohl organische Dünger als auch mineralische Volldünger haben ein ausgewogenes Nährstoffverhältnis. Mineralische

Spezialdünger verwenden Sie nur nach einer Empfehlung der Bodenanalyse (→ Der Boden, Seite 18).

Hinweis: Eine Pflanze, die viele Blätter und Blüten entwickelt, braucht mehr Dünger als eine Pflanze mit weniger Blättern.

Organische Dünger werden im Boden eher langsam in pflanzenverfügbare Nährstoffe verwandelt.

Der verträglichste und gleichzeitig billigste Dünger für Staudenrabatten ist Kompost. Sie können ihn nach 5 Monaten Rotte verwenden. Ausgereift und reich an feinkrümeligem Dauerhumus ist die Komposterde nach 2-3 Jahren. Bringen Sie im Herbst eine handbreite Schicht zwischen den Stauden aus. Der Kompost führt dem Boden gleichzeitig Humus zu (→ Der Boden, Seite 18).

Wenn Sie keinen Kompost zur Verfügung haben, können Sie auch Hornspäne, Knochenmehl oder Blutmehl aus dem Gartenfachhandel verwenden. Dosieren Sie die Mittel laut Anweisung auf der Verpakkung.

Mein Tip: Organische Dünger liefern zwar alle wichtigen Nährstoffe, doch Kali steht den Pflanzen oft nicht ausreichend zur Verfügung. Diesen Mangel beheben Sie, indem Sie zusätzlich Rindenkompost aus dem Gartenfachhandel ausbringen.

Mineralische Volldünger stehen den Pflanzen im Gegensatz zu den organischen Düngern direkt zur Verfügung. Bringen Sie sie deshalb nicht vor Beginn der Wachstumsperiode im April aus. Bei der Dosierung richten Sie sich nach den Angaben auf der Packung. Berücksichtigen Sie auch den Nährstoffgehalt des Bodens (→ Der Boden, Seite 18), damit die Stauden nicht überversorgt werden.

Aufgrund ihrer schnellen Wirkung sind mineralische Volldünger optimal für die Pflanzvorbereitung und die Behebung von Mangelerscheinungen (→ rechte Spalte).

Düngeregeln

• Setzen Sie organischen Dünger nicht vor März, mineralischen Dünger nicht vor April ein. Sonst werden die Nährstoffe durch die Regenfälle im Frühjahr ausgewaschen, bevor die Stauden sie aufnehmen können.

• Bringen Sie ab September keinen Dünger mehr aus. Die Gabe von Dünger führt dazu, daß die Stauden noch einmal kräftig wachsen, und wachsende Stauden sind für die ersten Fröste besonders anfällig.

• Düngen Sie gezielt den Wurzelbereich der Staude, das ist ihr unmittelbarer Umkreis. Arbeiten Sie den Dünger vorsichtig mit der Hacke ein.

Wichtig: Bei flachwurzelnden Stauden wie der Sonnenblume (*Helianthus*) vermischen Sie den Dünger mit Erde und verteilen Sie das Gemisch in einer dünnen Schicht um die Pflanze, um die Wurzeln nicht zu schädigen.

• Ideal für das Ausbringen von Dünger sind bedeckte, regnerische Tage, weil die Nährstoffe mit dem Regen sofort in den Boden gelangen und Körner, die aus Versehen auf den Blättern gelandet sind, abgespült werden. Sonst könnten die Düngemittel bei Sonnenschein zu Verbrennungen auf den Blättern führen.

Mangelerscheinungen

Wenn Ihre Stauden eine der folgenden Erscheinungen zeigen, deutet dies auf einen Nährstoffmangel hin, bei dem Sie sofort eingreifen sollten:

• gelbliche Verfärbung der gesamten Pflanze mit vielen gelben Blättern,

• vorzeitige Blüte zu einer völlig untypischen Blütezeit,

• Kümmerwuchs mit schwachem Stiel,

• zu kleine oder viel zu wenig Blüten.

Düngen Sie in diesen Fällen mit einem schnellwirkenden Flüssigdünger oder Mineral-Volldünger gezielt nach.

PRAXIS: Stauden pflegen

Wenn Sie Ihre Stauden aufmerksam beobachten und bei Problemen wie Trockenheit oder Unkrautwuchs frühzeitig eingreifen, werden sie um so schöner wachsen und blühen.

Kleines 1x1 des Gießens

• Im 1. Jahr schon bei geringer Trockenheit gießen. So wachsen die Wurzeln rasch in die Tiefe und können sich später aus den tieferen Schichten versorgen.
• Ab dem 2. Jahr erst gießen, wenn die Stauden schon zu welken beginnen.
• Stets so lange gießen, bis das Wasser in Fingertiefe ankommt.
• Morgens oder abends gießen. Dann verdunstet das Wasser kaum, und versehentlich auf die Blätter geratene Wassertropfen führen nicht zu Verbrennungen.
• Gezielt die einzelnen Stauden gießen. In größeren Zwischenräumen fördert das Wasser nur Unkraut.
• Je feiner Düsen das Wasser verteilen, desto mehr verdunstet. Deshalb normale Gießkanne oder Gartenschlauch mit Brausekopf verwenden.
• Den Boden mit einer Mulchschicht bedecken, damit er gleichmäßig feucht bleibt.
• Bei extremer Trockenheit die obere Bodenschicht vorsichtig aufhacken, damit Wasser in den Boden gelangen kann.

Aufbinden
Zeichnungen 4 und 5

Damit höhere Stauden nicht umknicken, binden Sie sie auf. Verwenden Sie für Horste gekaufte Stützen oder Zweige, für Einzeltriebe Stützpfähle. Setzen Sie die Stützen direkt nach dem Austrieb, damit sie von Blättern kaschiert werden.
Gekaufte Stützen: Plastikstützen werden rasch spröde. Haltbar sind dagegen Stützen aus ummanteltem Metall. Stecken Sie sie rings um den Horst in die Erde und binden Sie Schnüre außen herum (→ Zeichnung 4).
Zweige: Billiger sind verästelte Haselnußzweige. Stecken Sie sie dicht um den Horst in den Boden, knicken Sie auf verschiedenen Höhen die oberen Zweige um und verflechten Sie sie (→ Zeichnung 5).
Stützpfähle: Lange, schwache Einzeltriebe binden Sie mit Bast an einem Stützpfahl fest.

1 *Beblätterte Stiele* von Horsten unter dem 3. oder 4. Blatt schneiden.

2 *Blattlose Blütenstengel* dicht über dem Boden abknipsen.

3 *Polsterstauden* mit einer Haushaltsschere um die Hälfte einkürzen.

4 Horste mit Stäben und Schnüren aufbinden.

5 Horste mit Haselnußzweigen stützen.

Zurückschneiden
Zeichnungen 1 bis 3

Damit das Beet attraktiv bleibt und die Stauden keine Kraft zur Samenbildung vergeuden, entfernen Sie in der Wachstumsperiode verwelkte Blüten. Im Winter bieten allerdings Samenstände ein attraktives Bild. Deshalb Herbstblüher erst im Frühjahr schneiden. Frühjahrs- und Frühsommerblüher direkt nach der Blüte zurückschneiden:
• Bei Horsten nur die Blütenstiele unter dem 3. oder 4. Blatt abschneiden, das Blattwerk kann stehenbleiben (→ Zeichnung 1). Blattlose Blütenstengel dicht über dem Boden schneiden (→ Zeichnung 2).
• Polsterstauden um die Hälfte einkürzen. So bilden sie neue Triebe und sind im nächsten Jahr wieder buschig (→ Zeichnung 3). Sommerblüher blühen nach Entfernen welker Blüten oft länger. Nur obere Spitzen schneiden, die Seitentriebe tragen meist schon neue Blütenknospen. Herbstblüher und Gräser erst im zeitigen Frühjahr schneiden. Dann alle verdorrten Triebe direkt über dem Boden entfernen. Bei Immergrünen nur die Blütenstiele abschneiden. Remontierende Stauden sind Frühsommerblüher, die im Spätsommer ein zweites Mal blühen können. Für die zweite Blüte die Blütenstiele oder Horste direkt nach der ersten Blüte dicht über dem Boden abschneiden, die Pflanzen düngen und reichlich wässern. Remontierende Stauden sind Rittersporn (*Delphinium*), Margerite (*Leucanthemum*), Katzenminze (*Nepeta*) und Salbei (*Salvia*).
Wichtig: Nicht zu lange mit dem Rückschnitt warten.

Unkraut bekämpfen

Unkraut wächst vor allem, solange die Pflanzendecke der Beete noch nicht geschlossen ist. Entfernen Sie sorgsam die gesamte Pflanze, und holen Sie mit der Pflanzschaufel vorsichtig die Wurzeln heraus.
Mein Tip: Gegen Unkraut hilft eine Decke aus Rindenmulch.

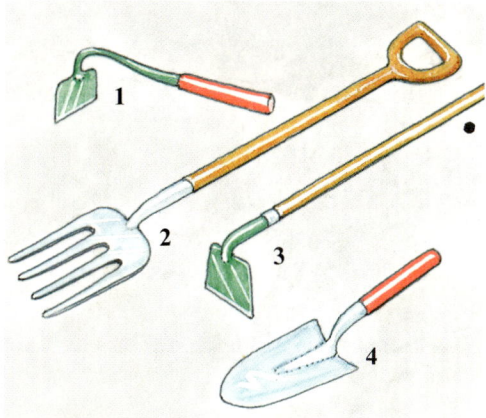

6 Werkzeug: 1 Handhacke zum Unkrautjäten, 2 Grabegabel zur Bodenlockerung, 3 Ziehhacke zum Jäten und 4 Pflanzschaufel zum Pflanzen.

Stauden überwintern

Wenn das Gartenjahr seinem Ende zugeht, machen Sie im Staudenbeet Hausputz. Mit seinen Frösten und der Gefahr von Fäulnis bei feuchter Witterung ist der Winter eine problematische Jahreszeit für alle Pflanzen. In der Regel ist ein Winterschutz für eine Staudenrabatte überflüssig.

Einen Winterschutz brauchen im Herbst gepflanzte Stauden und frost- und fäulnisempfindliche Stauden, zu denen neben den alpinen und mediterranen Stauden (→ Woher kommen Stauden, Seite 6) Gänsekresse (*Arabis caucasica*), Grasnelke (*Armeria maritima*), Glockenblume (*Campanula carpatica, C. glomerata*), Riesen-Flockenblume (*Centaurea macropetala*), Riesenschleierkraut (*Crambe cordifolia*), Kugeldistel (*Echinops ritro*), Edeldistel (*Eryngium alpinum*), Wolfsmilch (*Euphorbia*-Arten), Schleierkraut (*Gypsophila paniculata*) und Schwertlilie (*Iris-Barbata*-Hybriden) zählen. Schützen Sie diese Stauden mit einer Lage Reisig, unter der Sie vorher etwas Laub verteilen können.

Mein Tip: Statt Reisig können Sie auch eine 1-2 Handbreit hohe Kompostschicht auf dem Staudenbeet verteilen. Sie führt den Stauden Nährstoffe zu, erhält die Bodenstruktur und verhindert gleichzeitig,

daß die Stauden hochwachsen. Außerdem gibt sie frost- und fäulnisempfindlichen Stauden Winterschutz.

Stauden verjüngen

Die Lebensdauer der Stauden ist verschieden (→ Lebensdauer, Seite 11). Viele Stauden verlieren mit den Jahren an Vitalität und werden blühfaul. Dann sollten Sie eingreifen und die Pflanze verjüngen, indem Sie sie teilen.

Und so wird's gemacht:
• Graben Sie die Staude im Frühjahr mit der Grabegabel aus.
• Teilen Sie sie mit Spaten oder Messer in kleinere Stücke, lassen Sie dabei aber die Wurzeln noch unversehrt, um nicht zu viele Wurzeln mit Spaten oder Messer zu verletzen.
• Anschließend entwirren Sie die Wurzeln vorsichtig mit den Händen.
• Jedes Stück sollte einen etwa faustgroßen Wurzelballen und mindestens drei Triebe haben.
• Geben Sie Pflanzenteile mit verkümmerten Trieben auf den Kompost.
• Die übrigen Teile pflanzen Sie wieder ein (→ Stauden pflanzen, Seite 46).

Wichtig: Langlebige Stauden (→ Lebensdauer, Seite 11) brauchen 2-3 Jahre, bis sie sich richtig eingewöhnt haben. In dieser Zeit wirken sie manch-

mal kümmerlich. Lassen Sie die Stöcke in Ruhe wachsen und verjüngen Sie sie nicht, damit sie Ihnen lange erhalten bleiben.

Mein Tip: Die Herbstaster (*Aster novi-belgii, A-novae-angliae*) verjüngen Sie, wenn sie in der Mitte zu verkahlen beginnt (→ Wuchsformen, Seite 10).

Dichte Bestände auslichten

Auch wenn Sie bei der Pflanzung die richtigen Pflanzabstände eingehalten haben (→ Stauden pflanzen, Seite 46), kann ein Staudenbestand nach einigen Jahren zu dicht werden. Ebenso können einzelne Horste im Laufe der Jahre zu dicht wachsen.

Bei folgenden Anzeichen sollten Sie mit dem Auslichten beginnen:
• Die Pflanzen kränkeln und blühen nur noch spärlich.
• Stauden, die zuvor immer kräftig gewachsen sind, legen nicht mehr richtig zu.
• Die Stauden bekommen Falschen Mehltau und Grauschimmel (→ Die 5 häufigsten Krankheiten, Seite 54).

Treffen diese Anzeichen nur auf einen einzelnen Horst zu, genügt es, den Horst auszudünnen. Zeigen mehrere Pflanzen auf einem Staudenbeet diese Zeichen, sollten Sie den ganzen Bestand auslichten.

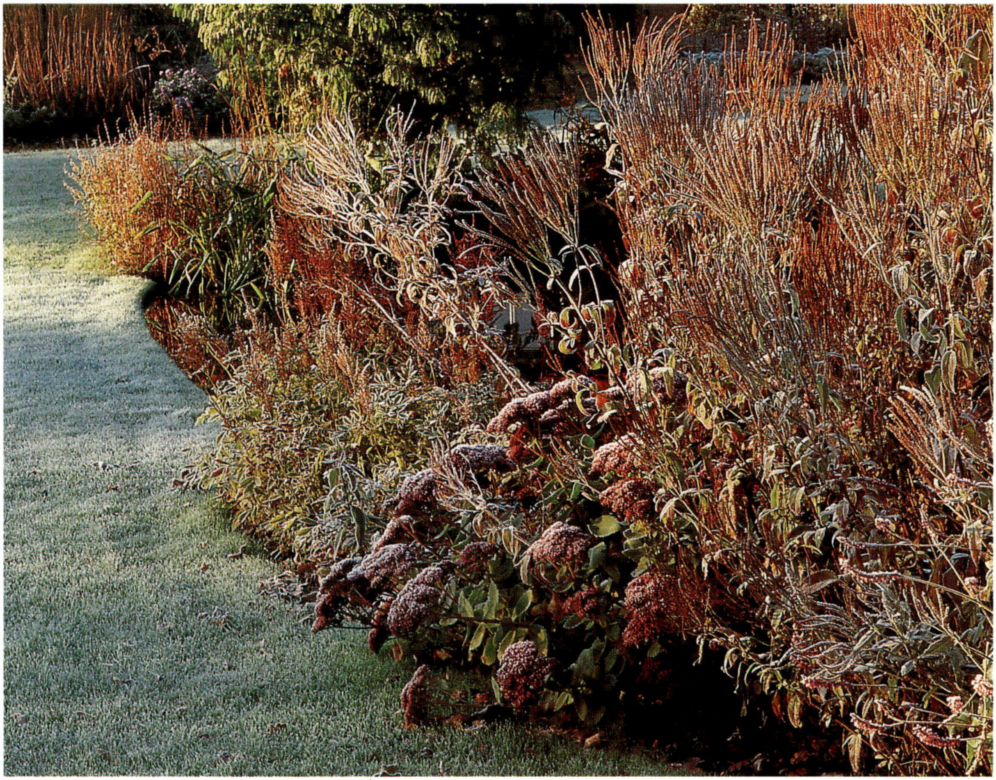

Der erste Rauhreif zaubert eine Märchenstimmung in den Garten.

Einzelne Horste ausdünnen:
Nehmen Sie während der Ve-
getationsperiode einzelne Triebe dicht über dem Boden heraus. Die verbleibenden Triebe
sollen locker und luftig stehen,
so daß immer ein leichter Wind
durch den Horst gehen kann.
Im Frühjahr teilen Sie dann die
Staude (→ Stauden verjüngen,
Seite 52), damit sie weiterhin
üppig gedeiht und blüht.

Ganze Bestände auslichten:
Stehen die Stauden insgesamt
zu dicht, nehmen Sie einzelne
Pflanzen heraus. Entfernen Sie
dabei verschiedene Arten, um
die Vielfalt im Beet zu erhalten. Wenn Sie die Stauden vorsichtig ausgraben und noch
einmal teilen (→ Stauden verjüngen, Seite 52), können Sie
die Teilstücke an anderer Stelle
wieder einpflanzen.

Bereifte Storchschnabel-Blätter.

Vorbeugende Pflege

Pflanzenschutz beginnt beim Einkauf in der Gärtnerei. Achten Sie dort schon auf gesunde Pflanzen (→ Stauden kaufen, Seite 44).
Berücksichtigen Sie bei der Gartenplanung die Standortbedürfnisse der einzelnen Stauden (→ Standortansprüche, Seite 12). Achten Sie auch auf einen ausgewogenen Nährstoffgehalt des Bodens (→ Der Boden, Seite 18) und verwenden Sie keinen speziellen Stickstoff-Dünger. Ein hoher Stickstoffgehalt fördert zwar das Wachstum, doch das Gewebe wird anfällig für Pilze. Wenn Sie Ihre Stauden gut beobachten, können Sie einen dichten Bestand rechtzeitig ausdünnen (→ Dichte Bestände auslichten, Seite 52). So kann ein kleiner Luftzug verhindern, daß sich Schädlinge einnisten. Außerdem können Sie schon bei ersten Krankheitsanzeichen eingreifen.

Geeignete Nachbarpflanzen wählen

Einige Pflanzen vertreiben bestimmte Schädlinge, zum Beispiel durch ihren Geruch. Pflanzen Sie sie neben Stauden, die häufig von Schaderregern heimgesucht werden. So befallen Blattläuse oft Eisenhut (*Aconitum*) und Som-

Die 5 häufigsten Krankheiten

Grauschimmel
Schadbild: Junge Triebe und Blüten welken und faulen, sind mit gräulichem Schimmel überzogen. Ursache: Hohe Luftfeuchtigkeit, zu viel Stickstoff. Abhilfe: Befallene Triebe entfernen, Bestand auslichten (→ Seite 52).

Septoria-Blattfleckenkrankheit
Schadbild: Pilz, der runde, dunkle Flecken auf den Blättern hervorruft. Bei starkem Befall werden die Blätter braun. Ursache: Hohe Luftfeuchtigkeit. Abhilfe: Befallene Blätter, bei Pfingstrosen auch Stengel, entfernen.

Echter Mehltau
Schadbild: Weißlicher, mehliger Pilzbelag auf Blättern, Trieben und Blüten. Ursache: Trockenheit, Hitze, zu viel Stickstoff. Abhilfe: Befallene Pflanzenteile entfernen, Ackerschachtelhalm-Brühe spritzen (→ Seite 56).

Falscher Mehltau
Schadbild: Weißlicher Pilzbelag auf der Blattunterseite, Blätter vertrocknen. Ursache: Hohe Luftfeuchtigkeit, stehende Luft. Abhilfe: Befallene Pflanzenteile entfernen, Bestand auslichten (→ Seite 52).

Rostpilz
Schadbild: Orangerote Pusteln auf der Blattunterseite, auf der Oberseite gelbe Flecken. Ursache: Feuchtwarmes Wetter, Nährstoffmangel. Abhilfe: Befallene Blätter entfernen, Wurmfarnbrühe spritzen (→ Seite 56).

mer-Margerite (*Chrysanthemum maximum*). Hier hilft Lavendel (*Lavandula*). Knoblauch (*Allium*) vertreibt Milben, die vor allem Herbst-Chrysanthemen (*Dendrantema-Indicum*-Hybriden) heimsuchen. Die Studentenblume (*Tagetes*) wirkt gegen Fadenwürmer, die oft die Flammenblume (*Phlox*) befallen. Stauden mit fleischigen Wurzeln wie die Pfingstrose (*Paeonia*) pflanzen Sie zur Vorbeugung gegen Wühlmäuse mit Narzissen (*Narcissus*) oder Zierlauch (*Allium*) zusammen.

Nützlinge fördern

Nützlinge, die natürlichen Feinde der Schadorganismen, verhindern deren massenhaftes Auftreten. Sie stellen sich automatisch ein, doch können Sie sie auch gezielt fördern. Nützliche Insekten haben oft Vorlieben für bestimmte Pflanzen. Schwebfliegen, die große Mengen von Blattläusen fressen, bevorzugen zum Beispiel Petersilie. Versuchen Sie deshalb, die Pflanzenvielfalt groß zu halten, um viele verschiedene Nützlinge in Ihren Garten zu locken.

Kleine Laub- oder Reisighaufen, Heckenränder und andere natürliche Nischen dienen nützlichen Tieren wie Marienkäfern und Igeln als Unterschlupf.

Die 5 häufigsten Schädlinge

Älchen
Schadbild: Verkrümmte Triebe und Blätter, kümmernder Wuchs. Ursache: Ansteckung. Älchen überdauern viele Jahre im Boden. Abhilfe: Befallene Pflanzen entfernen, Pflanzplätze für diese Stauden mehrere Jahre meiden.

Schaumzikaden
Schadbild: Mißgebildete Triebspitzen und Blütenknospen. Ab April Schaum an Blütenstengeln. Ursache: Begünstigt durch lange Trockenheit. Abhilfe: Schaum mit eingehüllten Larven mit scharfem Wasserstrahl abspritzen.

Blattläuse
Schadbild: Läuse auf Blättern, eingerollte und gekräuselte Blätter, klebriger Belag. Ursache: Trockenheit, viel Stickstoff. Abhilfe: Stark befallene Triebe entfernen, Brennesselbrühe oder -jauche spritzen (→ Seite 56).

Schnecken
Schadbild: Fraßlöcher an Blättern, Schleimspuren. Ursache: Feuchtwarmer Boden, milde Winter. Abhilfe: Absammeln, Köder, Bretter, Bierfalle. Nadelstreu und Splitt um gefährdete Pflanzen streuen. (→ Seite 56)

Wühlmäuse
Schadbild: Welke Triebe und Blätter, Fraßschäden an Wurzeln. Ursache: Wühlmausfraß, vor allem an fleischigen Wurzeln. Abhilfe: Mechanische Fallen in den Gängen eingraben. Narzissen oder Zierlauch pflanzen.

Was tun bei Schädlingsbefall?

Sobald Sie erste Krankheitsanzeichen bei Ihren Stauden entdecken, sorgen Sie für gute Wachstumsbedingungen. Leichter Befall: Finden Sie nur vereinzelt Krankheitsanzeichen, geben Sie Ihren Stauden eine Schicht Kompost und genügend Wasser und lockern Sie den Boden auf.
Stärken Sie die Abwehrkräfte der Stauden mit Brühen und Jauchen (Rezepte → Kasten). Sie regen auch das Bodenleben an. Brühen sind Kräuterauszüge, die ähnlich wie Tee hergestellt werden. Jauchen werden wie Brühen zubereitet, aber anschließend vergoren. Die Kräuterzusätze beugen jeweils gegen bestimmte Schädlinge vor:
• Ackerschachtelhalm (*Equisetum arvense*) gegen Echten Mehltau
• Brennessel (*Urtica dioica*) gegen Blattläuse und Spinnmilben
• Wurmfarn (*Dryopteris*) gegen Schild-, Schmier-, Blutläuse und Rost
• Rainfarn (*Chrysanthemum vulgare*) gegen Läuse, Weiße Fliege, Rost und Mehltau
• Knoblauch, Zwiebel und Schnittlauch (*Allium*) gegen Bakterien, Milben und Grauschimmel.
Bringen Sie die Mittel bei bedecktem Wetter mit Gießkanne oder Pflanzenspritze aus.

Rezepte für Brühen und Jauchen

Bringen Sie Brühen und Jauchen zur Vorbeugung alle 3-4 Wochen, bei Krankheitsanzeichen alle 10 Tage aus. Dabei reichen 100 l Flüssigkeit etwa für 20-30 qm Beetfläche.
Die Wirkungen der einzelnen Kräuter, die Sie verwenden können, finden Sie in der linken Spalte.
100 l Brühe: 1 kg frisches, zerkleinertes Kraut oder 150 g getrocknetes Kraut in 10 l Wasser 1 Tag ziehen lassen. Anschließend $1/2$ Stunde aufkochen und nach dem Erkalten die Pflanzenteile abseihen. Diese Brühe im Verhältnis 1:10 mit Wasser verdünnen und spritzen.
100 l Jauche: $1/2$ kg frisches, zerkleinertes Kraut oder 75 g getrocknetes Kraut mit 5 l Wasser in ein Gefäß aus Holz oder Kunststoff, nicht aus Metall, geben. Dazu eine Handvoll Gesteinsmehl, um die Geruchsentwicklung zu verringern. Das Gefäß luftdurchlässig mit einem Gitter verschließen und 1-2 mal täglich umrühren. Nach 12 Tagen ist die Gärung abgeschlossen. Den Extrakt abseihen, mit Wasser im Verhältnis 1:20 mischen und anschließend ausbringen.

Mein Tip: Brühe und Jauche halten im kühlen Keller 1-2 Wochen. Setzen Sie lieber öfter kleinere Mengen an, als die Mittel zu lange zu lagern. Starker Befall: Sind Ihre Stauden schon stark befallen, schneiden Sie kranke Pflanzenteile ab und werfen Sie sie in den Müll. Lichten Sie den Staudenbestand aus (→ Dichte Bestände auslichten, Seite 52). Wenden Sie keine chemischen Mittel an, da sie viele nützliche Tiere schädigen.

Schnecken bekämpfen

Bei feuchtwarmem Wetter können Nacktschnecken zur Plage auf dem Staudenbeet werden. Bei Schneckenbefall können Sie folgendes tun:
• Abends angefeuchtete Bretter auf die Erde legen und morgens die Tiere unter dem Brett einsammeln.
• Oft helfen auch Schneckenköder oder eine Bierfalle aus dem Fachhandel.
• Ein weiteres Mittel: Splitt oder die Streu von Nadelbäumen rings um gefährdete Stauden streuen.
Helfen diese Mittel alle nicht, verwenden Sie Schneckenkorn. Da es giftig ist, halten Sie sich genau an die Hinweise auf der Verpackung. In den Wochen nach dem Ausbringen dürfen weder Kinder noch Haustiere in den Garten.

Schädlinge bekämpfen

Gesunde Stauden entfalten Jahr für Jahr ihre volle Blütenpracht.

Sach- und Pflanzenregister

Die **halbfett** gesetzten Seitenzahlen verweisen auf Farbfotos und Zeichnungen.
U=Umschlagseite.

Register

Paradiesisch leben.
Mit GU.

Ob kleines Usambaraveilchen, riesige Palme oder edler Rosenstrauch – so richtig grünt und blüht es im Zimmer, auf dem Balkon und im Garten nur dann, wenn Sie auch die Ansprüche Ihrer Pflanzen kennen.

Das nötige Wissen über Kauf, Pflanzung und Pflege vermitteln die

- GU Ratgeber Zimmerpflanzen
- GU Ratgeber Balkon und Terrasse
- GU Ratgeber Garten.

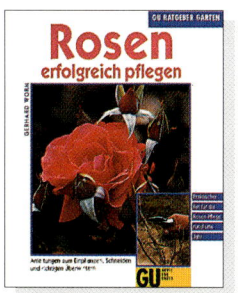

Adressen, die weiterhelfen

Stauden, Wildstauden:
Bund deutscher Staudengärtner (BdS) im Zentralverband Gartenbau (ZVG), Geschäftsstelle: Gießener Straße 47, 35305 Grünberg.
Der BdS gibt eine Mitgliederliste mit den Adressen von 100 Staudengärtnereien und ihren Leistungsschwerpunkten (zum Beispiel Gräser, Wildstauden, Bodendecker) heraus.
Sträucher: Bund deutscher Baumschulen (BdB) e.V., Bismarckstr. 49, 25421 Pinneberg.
Der BdB führt eine Adreßliste mit Baumschulen. Adressen von Baumschulen finden Sie auch im Branchenbuch (Gelbe Seiten).
Zwiebel- und Knollenpflanzen, Sommerblumen: Adressen von Gartencentern und Gärtnereien in Ihrer Nähe finden Sie in den Gelben Seiten. Zusätzliche Hinweise und Bezugsquellen können Sie den einschlägigen Zeitschriften (→ Zeitschriften, rechte Spalte) entnehmen.

Sichtungsgärten:
Sichtungsgarten, Am Staudengarten 7, 85354 Freising
Botanischer Garten der Heinrich-Heine-Universität Düsseldorf, Universitätsstraße 1, 40225 Düsseldorf
Herrenhäuser Gärten/ Berg- Gärten,, Herrenhäuser Str. 4, 30419 Hannover
Schau- und Sichtungsgarten Hermannshof, Babostraße 5, 69469 Weinheim.

Literatur, die weiterhilft

(Wenn nicht im Buchhandel, dann in Bibliotheken erhältlich)
BdB-Handbücher:
Teil III: *Stauden;* Teil VIIa: *Wildstauden für Wiesen und andere Freiflächen;* Teil VIIb: *Wildstauden für Schattenflächen und Säume.* Verlagsgesellschaft »Grün ist Leben«, Pinneberg
Fessler, A.: *Der Staudengarten.* Eugen Ulmer Verlag, Stuttgart
Foerster, K.: *Lebende Gartentabellen.* Neumann Verlag, Radebeul
Hansen, R.; Stahl, F.: *Die Stauden.* Eugen Ulmer Verlag, Stuttgart
Hertle, B.; Kiermeier, P.; Nickig, M.: *Großer GU Pflanzen-Ratgeber Gartenblumen.* Gräfe und Unzer Verlag, München
Hobhouse, P.: *Farbe im Garten.* Eugen Ulmer Verlag, Stuttgart
Klock, P.: *Blütenpracht aus Zwiebeln und Knollen.* Gräfe und Unzer Verlag, München

Kremer, B. P.: *GU Naturführer Sträucher in Natur und Garten.* Gräfe und Unzer Verlag, München
Kremer, B. P.: *Wildpflanzen für den Garten.* Gräfe und Unzer Verlag, München
Mehr Freude am Garten. Das Beste, Stuttgart
Philips, R.; Rix, M.: *Stauden.* Droemer Knaur Verlag, München
Schacht, W.; Fessler, A.: *Die Freilandschmuckstauden.* Eugen Ulmer Verlag, Stuttgart

Zeitschriften

Flora. Gruner+Jahr AG, 20444 Hamburg
Kraut & Rüben. BLV Verlagsgesellschaft mbH, Lothstr. 29, 80797 München
mein schöner Garten. Senator Verlag GmbH, Postfach 1520, 77605 Offenburg

Impressum

Die Fotografen

Jürgen Becker:
Seite U2, 2, 5 re., 8 re.,
9 o.li., o.re., 18 o.,
24/25, 25 re., 32, 35 o.,
47 u., 48, 53 o., u., 57,
64/U3.
Marion Nickig:
Seite U1 (großes Foto,
kleines Foto), 3 li, re.,
4/5, 7, 8 li., 9 mi.re.,
u.li., u.re., 12, 14 li.,
re., 15 (alle Fotos),
18 u., 22 o., u., 28, 34
(alle Fotos), 35 u.li.,
u.re., 37, 38, 40, 42/43,
43 re., 45, 47 o.,
U4 o.li., o.re., u.

Dank

Die Fotografen und der
Verlag bedanken sich
bei folgenden Garten-
besitzern und -gestal-
tern für die freundliche
Genehmigung zum
Fotografieren:
Arends, Wuppertal;
Seite 47; Bennekom,
Domburg (Holland):
Seite 24/25, 35 o.; Gre-
ve, Heerlen (Holland):
Seite 18 o., 45; Jonker,
Sybekarpsel (Holland):
Seite U2/1; Stuurmann,
Bergen (Holland): Seite
2, 48; Suhrborg, Wesel:
Seite 8 re.; Ter Linden,
Ruinen (Holland): Seite
32, 57; Van Steeg,
Dinxperloo (Holland):
Seite 53 o.

Warnung und Hinweis

In diesem Buch geht es um das Pflanzen und die Pflege von Stauden. Tödlich giftige Stauden, aber auch minder giftige, die zum Teil erhebliche gesundheitliche Störungen hervorrufen können, sind in den Tabellen auf Seite 16 und 17 mit einem Totenkopf-Symbol gekennzeichnet. Achten Sie unbedingt darauf, daß Kinder und Haustiere diese gekennzeichneten Stauden und Pflanzenteile nicht essen. Beim Umgang mit Werkzeug und Erde kann es zu offenen Verletzungen kommen. Suchen Sie in beiden Fällen umgehend einen Arzt auf und besprechen Sie mit ihm, ob eine Impfung gegen Tetanus (Wundstarrkrampf) erforderlich ist.
Alle Dünge- und Pflanzenschutzmittel, auch die biologischen, müssen so aufbewahrt werden, daß sie für Kinder und Haustiere unerreichbar sind. Der Verzehr dieser Mittel kann zu gesundheitlichen Schäden führen. Außerdem dürfen sie nicht in die Augen gelangen. Beachten Sie besonders beim Umgang mit Schneckenkorn (→ Seite 56) alle Sicherheitshinweise auf der Verpackung.

Die Fotos auf dem Umschlag

Umschlag-Vorderseite:
Kontrastreich wirken die roten Blüten der Lupine vor dem blauen Rittersporn.
Kleines Foto: Das Sonnenauge hält sich auch in der Vase lange frisch.
Umschlagseite 2: Farbverlauf in den Tönen Rot, Rosa und Lila, aufgehellt von weißen Blüten.
Umschlagrückseite oben links: Herbststimmung im Staudenbeet mit Fetthenne, Fackellilie und Herbstaster.
Oben rechts: Taglilie und Glockenblume.
Unten links: Fingerhut mit Rittersporn.

Redaktion: Peter Völk
Lektorat:
Sabine Hanneforth
Herstellung und Satz:
Michael Bauer,
Weißenfeld
Layout und Umschlaggestaltung:
Heinz Kraxenberger
Repro: Penta,
München
Druck und Bindung:
Stürtz, Würzburg

ISBN 3-7742-2660-1

Auflage 5. 4. 3. 2. 1.
Jahr   00 99 98 97 96

Pracht der Vergänglichkeit

Wenn das Gartenjahr seinem Ende zugeht, verschwindet die farbenfrohe Blütenpracht der Stauden allmählich aus den Beeten. Weiche Brauntöne beherrschen die Bilder im Garten und lassen die bizarren Formen der letzten Blüten und der Gräser besonders hervortreten. Wenn Rauhreif die Pflanzen wie eine Zuckerkruste überzieht, entstehen besonders stimmungsvolle Bilder. Damit Ihre Stauden im Herbst und Winter die Gartenbilder auf diese Weise bereichern können, schneiden Sie die Herbstblüher erst im Frühjahr zurück.

Die Blüten- und Samenstände von Fetthenne und Gräsern bilden auch im Winter einen dekorativen Blickfang auf dem Staudenbeet.